Paris
1883

Friedrich von Schiller

La Fiancée de Messine

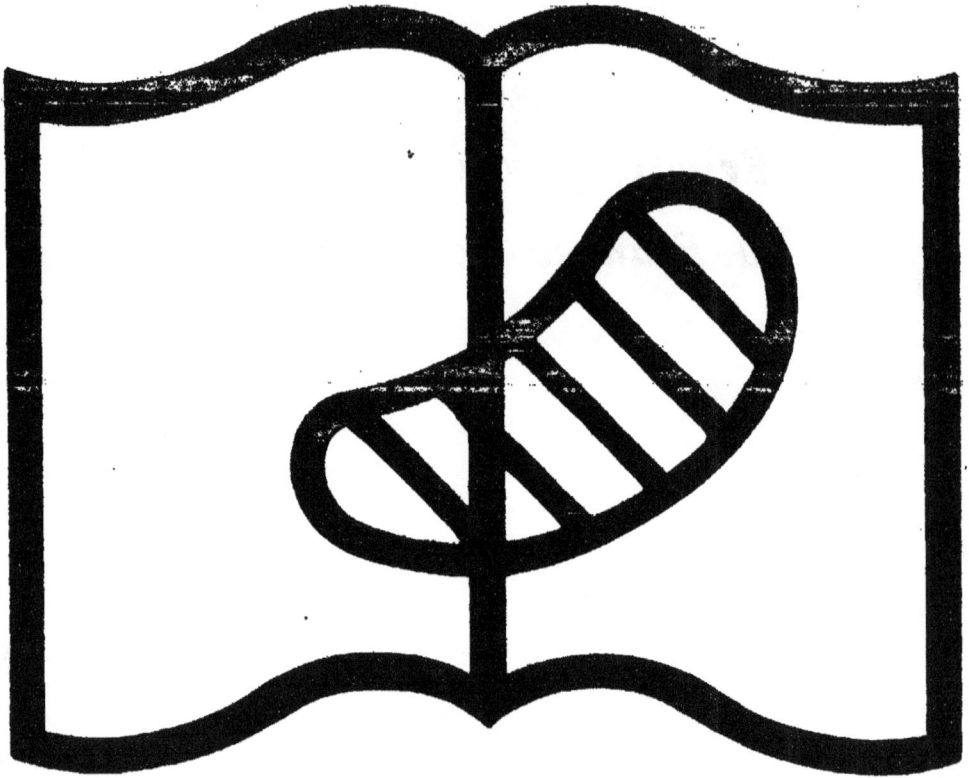

Symbole applicable
pour tout, ou partie
des documents microfilmés

Original illisible

NF Z 43-120-10

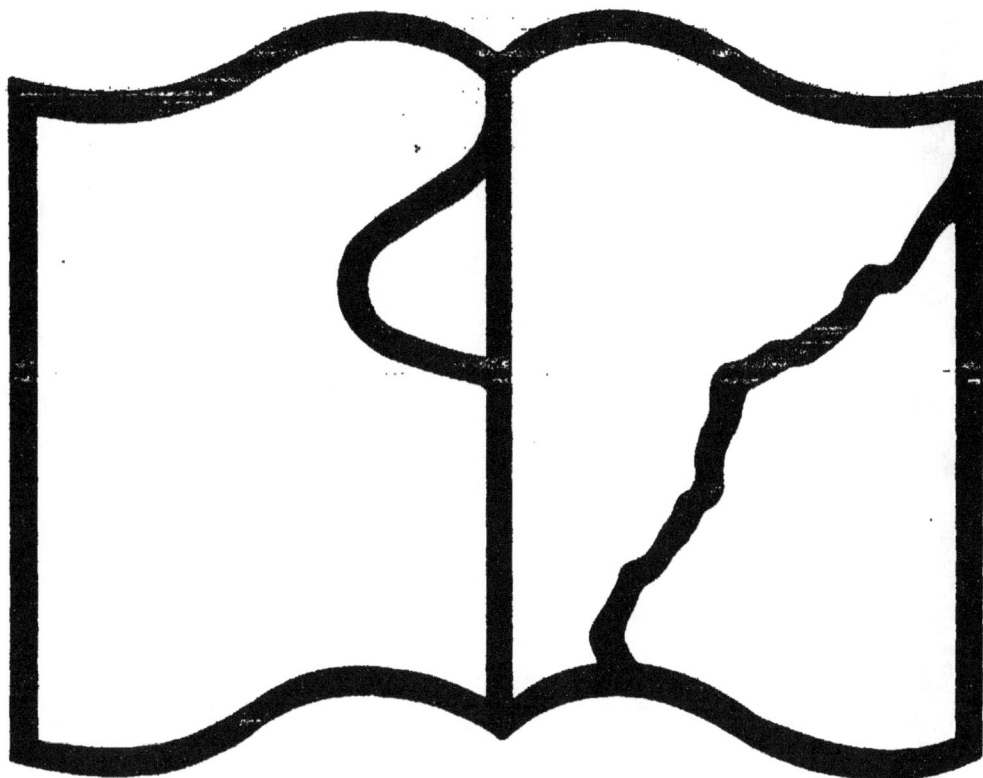

**Symbole applicable
pour tout, ou partie
des documents microfilmés**

Texte détérioré — reliure défectueuse

NF Z 43-120-11

SCHILLER

LA FIANCÉE

DE MESSINE

TRADUCTION FRANÇAISE

PAR M. AD. REGNIER

AVEC LE TEXTE ALLEMAND EN REGARD

PARIS

LIBRAIRIE HACHETTE ET Cie

1888

LA FIANCÉE DE MESSINE

Motteroz, Adm.-Dir. des Imprimeries réunies, A, rue Mignon, 2. Paris.

SCHILLER

LA FIANCÉE
DE MESSINE

TRADUCTION FRANÇAISE

PAR M. AD. REGNIER

AVEC LE TEXTE ALLEMAND EN REGARD

PARIS

LIBRAIRIE HACHETTE ET Cⁱᵉ

70, BOULEVARD SAINT-GERMAIN, 70

1883

Die Braut von Messina

LA FIANCÉE DE MESSINE

PERSONNAGES.

Donna Isabella, princesse de Messine.
Don Manuel,) ses fils.
Don César,)
Béatrix, sa fille.
Diégo.
Des Messagers.
Le Chœur est formé de la suite des *deux* frères.
Les Anciens (Sénateurs) de Messine ne parlent pas
  (personnages muets).

Personen.

Donna Isabella, Fürstin von Messina.
Don Manuel   } ihre Söhne.
Don Cesar   }
Beatrice, ihre Tochter.
Diego.
Boten.
Chor besteht aus dem Gefolge der Brüder.
Die Aeltesten von Messina reden nicht.

Die Braut von Messina

Die Scene ist eine geräumige Säulenhalle, auf beiden Seiten sind Eingänge, eine große Flügelthüre in der Tiefe führt zu einer Kapelle.

Donna Isabella in tiefer Trauer, die Aeltesten von Messina stehen um sie her.

Isabella.

Der Noth gehorchend, nicht dem eignen Trieb,
Tret' ich, ihr greisen Häupter dieser Stadt,
Heraus zu euch aus den verschwiegenen
Gemächern meines Frauensaals, das Antlitz
Vor euren Männerblicken zu entschleiern.
Denn es geziemt der Wittwe, die den Gatten
Verloren, ihres Lebens Licht und Ruhm,
Die schwarz geflorte Nachtgestalt dem Aug'
Der Welt in stillen Mauern zu verbergen;
Doch unerbittlich, allgewaltig treibt
Des Augenblicks Gebieterstimme mich
An das entwohnte Licht der Welt hervor.
Nicht zweimal hat der Mond die Lichtgestalt
Erneut, seit ich den fürstlichen Gemahl
Zu seiner letzten Ruhestätte trug,
Der mächtigwaltend dieser Stadt gebot,
Mit starkem Arme gegen eine Welt
Euch schützend, die euch feindlich rings umlagert.
Er selber ist dahin, doch lebt sein Geist
In einem tapfern Heldenpaare fort
Glorreicher Söhne, dieses Landes Stolz.

LA FIANCÉE DE MESSINE

La scène est une vaste salle avec des colonnes; des deux côtés, il y a une entrée; au fond, une grande porte à deux battants conduit à une chapelle.

DONNA ISABELLA (en grand deuil); LES ANCIENS DE MESSINE
(sont debout autour d'elle).

ISABELLA. Obéissant à la nécessité, non à ma propre impulsion, je parais devant vous, chefs vénérables de cette ville; je viens des retraites silencieuses de mon gynécée, dévoiler mon visage à vos regards virils. C'est qu'il convient à la veuve qui a perdu, dans son époux, la lumière et la gloire de sa vie, de dérober aux yeux du monde, dans une muette enceinte, sa triste présence, la sombre nuit dont son deuil l'enveloppe; mais, inexorable, toute-puissante, la voix du présent devoir me ramène impérieusement à la lumière d'un monde oublié.

La lune n'a pas encore renouvelé deux fois son disque lumineux, depuis que j'ai conduit à l'asile de son dernier repos mon auguste époux, qui commandait à cette ville en maître souverain, vous protégeant, de sa main puissante, contre un monde ennemi qui de toutes parts vous investit. Lui-même, il n'est plus; mais son esprit continue de vivre dans un couple vaillant de héros, dans deux fils glorieux, l'orgueil de ce pays. Vous les avez vus

Ihr habt sie unter euch in freud'ger Kraft
Aufwachsen sehen, doch mit ihnen wuchs
Aus unbekannt verhängnißvollem Samen
Auch ein unsel'ger Bruderhaß empor,
Der Kindheit frohe Einigkeit zerreißend,
Und reifte furchtbar mit dem Ernst der Jahre.
Nie hab' ich ihrer Eintracht mich erfreut;
An diesen Brüsten nährt' ich Beide gleich,
Gleich unter sie vertheil' ich Lieb' und Sorge,
Und Beide weiß ich kindlich mir geneigt.
In diesem einz'gen Triebe sind sie eins,
In allem andern trennt sie blut'ger Streit.

Zwar weil der Vater noch gefürchtet herrschte
Hielt er durch gleicher Strenge furchtbare
Gerechtigkeit die Heftigbrausenden im Zügel,
Und unter eines Joches Eisenschwere
Bog er vereinend ihren starren Sinn.
Nicht waffentragend durften sie sich nahn,
Nicht in denselben Mauern übernachten;
So hemmt' er zwar mit strengem Machtgebot
Den rohen Ausbruch ihres wilden Triebs;
Doch ungebessert in der tiefen Brust
Ließ er den Haß — Der Starke achtet es
Gering, die leise Quelle zu verstopfen,
Weil er dem Strome mächtig wehren kann.

Was kommen mußte, kam. Als er die Augen
Im Tode schloß, und seine starke Hand
Sie nicht mehr bändigt, bricht der alte Groll,
Gleichwie des Feuers eingepreßte Gluth,
Zur offnen Flamme sich entzündend los.
Ich sag' euch, was ihr alle selbst bezeugt:
Messina theilte sich, die Bruderfehde
Löst' alle heil'gen Bande der Natur,
Dem allgemeinen Streit die Loosung gebend,
Schwert traf auf Schwert, zum Schlachtfeld ward die Stadt.
Ja, diese Hallen selbst besprißte Blut.

Des Staates Bande sahet ihr zerreißen,
Doch mir zerriß im Innersten das Herz —
Ihr fühltet nur das öffentliche Leiden,

grandir au milieu de vous, dans leur force et leur ardeur ; mais
avec eux a grandi de même, née d'un germe fatal et mystérieux,
une funeste haine fraternelle, qui, rompant la joyeuse concorde
de l'enfance, a mûri, de plus en plus terrible, avec le progrès
des ans. Jamais je n'ai joui de leur union. Tous deux également,
je les ai nourris sur mon sein ; j'ai partagé également entre eux
mon amour et mes soins, et je sais que tous deux me chérissent
avec une filiale tendresse. Ils sont d'accord par ce seul sentiment ; pour tout le reste, une sanglante discorde les divise.

Tant que régna, il est vrai, leur père redouté, il tint en bride
leur bouillante ardeur par l'imposante justice d'une égale sévérité, et il courba, les unissant sous un même joug de fer, leur
sens opiniâtre. Il ne leur était permis ni d'approcher armés l'un
de l'autre, ni de passer la nuit dans les mêmes murs. De la sorte,
il contint sans doute, par la puissante rigueur de ses ordres, la
farouche explosion de leur instinct fougueux ; mais il laissa la haine,
non amendée, au fond de leur cœur.... L'homme fort dédaigne
d'obstruer la source qui murmure, parce qu'il peut avec puissance
s'opposer au torrent.

Ce qui devait arriver, arriva. Quand la mort lui eut fermé les
yeux, et que sa main ne les maîtrisa plus, la vieille haine éclata,
comme éclate en libre flamme l'ardeur d'un feu comprimé. Je
vous dis là ce dont vous êtes tous les témoins : Messine se divisa,
la lutte fraternelle rompit les liens sacrés de la nature et donna
le signal à la discorde universelle ; le glaive frappa le glaive, la
ville devint un champ de bataille ; oui, ces salles mêmes furent
arrosées de sang.

Les liens de l'État, vous les avez vus brisés ; mais mon cœur
aussi s'est brisé au dedans de moi.... Vous n'avez senti que la
souffrance publique, et vous vous êtes peu inquiétés de la douleur

Und fragtet wenig nach der Mutter Schmerz.
Ihr kamt zu mir und spracht dies harte Wort:
„Du siehst, daß deiner Söhne Bruderzwist
„Die Stadt empört in bürgerlichem Streit,
„Die, von dem bösen Nachbar rings umgarnt,
„Durch Eintracht nur dem Feinde widersteht.
„— Du bist die Mutter! Wohl, so siehe zu,
„Wie du der Söhne blut'gen Hader stillst.
„Was kümmert uns, die Friedlichen, der Zank
„Der Herrscher? Sollen w i r zu Grunde gehn,
„Weil deine Söhne wüthend sich befehden?
„Wir wollen uns s e l b st rathen ohne sie,
„Und einem andern Herrn uns übergeben,
„Der unser Bestes will und schaffen kann!"

So spracht ihr rauhen Männer, mitleiblos,
Für euch nur sorgend und für eure Stadt,
Und wälztet noch die öffentliche Noth
Auf dieses Herz, das von der Mutter Angst
Und Sorgen schwer genug belastet war.
Ich unternahm das nicht zu Hoffende,
Ich warf mit dem zerrißnen Mutterherzen
Mich zwischen die Ergrimmten, Friede rufend —
Unabgeschreckt, geschäftig, unermüdlich
Beschickt' ich sie, den einen um den andern,
Bis ich erhielt durch mütterliches Flehn,
Daß sie's zufrieden sind, in dieser Stadt
Messina, in dem väterlichen Schloß,
Unfeindlich sich von Angesicht zu sehn,
Was nie geschah, seitdem der Fürst verschieden.

Dies ist der Tag! Des Boten harr' ich stündlich,
Der mir die Kunde bringt von ihrem Anzug.
— Seid denn bereit, die Herrscher zu empfangen
Mit Ehrfurcht, wie's dem Unterthanen ziemt.
Nur eure Pflicht zu leisten seid bedacht,
Für's andre laßt uns andere gewähren.
Verderblich diesem Land und ihnen selbst
Verderbenbringend war der Söhne Streit;
Versöhnt, vereinigt, sind sie mächtig g'nug,

de la mère. Vous êtes venus à moi et vous avez dit cette dure parole : « Tu vois que la discorde fraternelle de tes fils allume la guerre civile dans cette cité, qui, entourée de toutes parts de voisins malveillants, ne résiste à l'ennemi que par la concorde.... Tu es la mère ! Eh bien, vois comment tu peux apaiser la querelle sanglante de tes fils. Que nous importe, paisible que nous sommes, la lutte de nos maîtres ? Veux-tu que nous périssions parce que tes fils se combattent avec fureur ? Nous voulons pourvoir nous-mêmes, sans eux, à nos intérêts, et nous donner à un autre maître qui veuille notre bien et le puisse assurer. »

Voilà ce que vous avez dit, hommes durs et sans pitié, ne songeant qu'à vous et à votre ville, et vous avez encore jeté le poids du malheur public sur ce cœur qu'accablaient assez déjà les angoisses et les soucis maternels. J'ai entrepris une œuvre désespérée ; je me suis jetée, avec mon cœur déchiré, mon cœur de ère, entre les deux furieux, implorant la paix.... Sourde aux refus, active, infatigable, je leur ai envoyé, tour à tour à tous deux, message sur message, jusqu'à ce que j'obtins par mes maternelles prières qu'ils consentissent à se voir face à face, sans inimitié, dans cette ville de Messine, dans le palais paternel : ce qui jamais n'eut lieu depuis la mort de leur père.

Voici le jour ! A chaque heure, j'attends le messager qui doit m'apporter la nouvelle de leur approche.... Soyez donc prêts à recevoir vos maîtres, avec respect, comme il convient à des sujets. Ne songez qu'à remplir votre devoir et laissez-nous pourvoir à tout le reste. La querelle de mes fils était funeste au pays et funeste à eux-mêmes. Réconciliés, unis, ils sont assez puissants

Euch zu beschützen gegen eine Welt
Und Recht sich zu verschaffen gegen euch!

(Die Aeltesten entfernen sich schweigend, die Hand auf der Brust.
Sie winkt einem alten Diener, der zurückbleibt.)

Isabella. Diego.

Isabella.

Diego!

Diego.
Was gebietet meine Fürstin?

Isabella.
Bewährter Diener! Redlich Herz! Tritt näher!
Mein Leiden hast du, meinen Schmerz getheilt,
So theil' auch jetzt das Glück der Glücklichen.
Verpfändet hab' ich deiner treuen Brust
Mein schmerzlich süßes heiliges Geheimniß.
Der Augenblick ist da, wo es an's Licht
Des Tages soll hervorgezogen werden.
Zu lange schon erstick' ich der Natur
Gewalt'ge Regung, weil noch über mich
Ein fremder Wille herrisch waltete.
Jetzt darf sich ihre Stimme frei erheben,
Noch heute soll dies Herz befriedigt sein,
Und dieses Haus, das lang verödet war,
Versammle alles, was mir theuer ist.

So lenke denn die alterschweren Tritte
Nach jenem wohlbekannten Kloster hin,
Das einen theuren Schatz mir aufbewahrt.
Du warst es, treue Seele, der ihn mir
Dorthin geflüchtet hat auf beßre Tage,
Den traur'gen Dienst der Traurigen erzeigend.
Du bringe fröhlich jetzt der Glücklichen
Das theure Pfand zurück.

(Man hört in der Ferne blasen.)

O, eile, eile
Und laß die Freude deinen Schritt verjüngen!
Ich höre kriegerischer Hörner Schall,
Der meiner Söhne Einzug mir verkündigt.

(Diego geht ab. Die Musik läßt sich noch von einer entgegengesetzten
Seite immer näher und näher hören.)

pour vous protéger contre tout un monde, et pour se faire justice.... contre vous ! (Les Anciens s'éloignent en silence, la main sur la poitrine. Isabella fait signe à un vieux Serviteur, qui reste sur la scène.)

ISABELLA, DIÉGO.

ISABELLA. Diégo !

DIÉGO. Qu'ordonne ma souveraine ?

ISABELLA. Serviteur éprouvé ! cœur loyal ! approche. Tu as partagé ma souffrance, ma douleur, partage donc aussi le bonheur de l'heureuse mère. J'ai confié à ton sein fidèle mon secret triste et doux, dépôt sacré. Le moment est venu où il doit paraître à la lumière du jour. Trop longtemps déjà j'ai étouffé la voix puissante de la nature, parce qu'une volonté étrangère régnait encore en souveraine sur moi. Maintenant cette voix peut s'élever librement ; je veux qu'aujourd'hui même mon cœur soit satisfait, et que cette maison, qui fut longtemps déserte, rassemble tout ce qui m'est cher.

Dirige donc tes pas appesantis par l'âge vers ce cloître bien connu qui me garde un si cher trésor. C'est toi, âme fidèle, qui me le cachas dans ce lieu pour des jours meilleurs, et rendis à la triste mère ce triste service. Aujourd'hui, que ce soit encore toi qui joyeusement ramènes à la mère ravie ce précieux gage ! (On entend dans le lointain sonner les trompettes.) Oh ! hâte-toi, hâte-toi, et que la joie rajeunisse tes pas ! J'entends le son des clairons guerriers qui m'annoncent l'arrivée de mes fils. (Diégo sort. La musique se fait entendre aussi du côté opposé, et elle se rapproche de plus en plus.)

Isabella.

Erregt ist ganz Messina — Horch! ein Strom
Verworrner Stimmen wälzt sich brausend her —
Sie sind's! Das Herz der Mutter, mächtig schlagend,
Empfindet ihrer Nähe Kraft und Zug.
Sie sind's! O meine Kinder, meine Kinder!

(Sie eilt hinaus.)

Chor tritt auf.

Er besteht aus zwei Halbchören, welche zu gleicher Zeit, von zwei entgegengesetzten Seiten, der eine aus der Tiefe, der andere aus dem
Vordergrund eintreten, rund um die Bühne gehen, und sich alsdann
auf derselben Seite, wo jeder eingetreten, in eine Reihe stellen.
Den einen Halbchor bilden die ältern, den andern die jungen Ritter;
beide sind durch Farbe und Abzeichen verschieden. Wenn beide Chöre
einander gegenüber stehen, schweigt der Marsch, und die beiden Chor-
führer reden.

Erster Chor. (Cajetan.)

Dich begrüß' ich in Ehrfurcht,
Prangende Halle,
Dich, meiner Herrscher
Fürstliche Wiege,
Säulengetragenes herrliches Dach.

Tief in der Scheide
Ruhe das Schwert,
Vor den Thoren gefesselt
Liege des Streits schlangenhaariges Scheusal.
Denn des gastlichen Hauses
Unverletzliche Schwelle
Hütet der Eid, der Erinnyen Sohn,
Der furchtbarste unter den Göttern der Hölle!

Zweiter Chor. (Bohemund.)

Zürnend ergrimmt mir das Herz im Busen,
Zu dem Kampf ist die Faust geballt,
Denn ich sehe das Haupt der Medusen,
Meines Feindes verhaßte Gestalt.
Kaum gebiet' ich dem kochenden Blute.
Gönn' ich ihm die Ehre des Worts?
Oder gehorch' ich dem zürnenden Muthe?
Aber mich schreckt die Eumenide
Die Beschirmerin dieses Orts,
Und der waltende Gottesfriede.

Tout Messine est en mouvement... Écoute! un torrent de voix confuses roule vers nous à grand bruit.... Ce sont eux! Mon cœur maternel bat avec force, il sent la puissance et l'attrait de leur approche. Ce sont eux! O mes enfants, mes enfants! (Elle s'élance dehors.)

LE CHŒUR entre. Il se compose de deux demi-chœurs, qui entrent en même temps, de deux côtés opposés, l'un par le fond, l'autre par l'avant-scène; ils font le tour du théâtre, puis se rangent, chacun du côté où il est entré. L'un est formé de chevaliers plus âgés, l'autre de plus jeunes; ils se distinguent par des couleurs et des insignes différents. Quand les deux chœurs sont placés, l'un vis-à-vis de l'autre, la musique se tait, et les deux coryphées parlent tour à tour.

PREMIER CHŒUR. (GAÉTAN.) Je te salue avec respect, salle splendide, royal berceau de mes maîtres, voûte majestueuse que soutiennent des colonnes! Que le glaive repose dans le fourreau profond, que la furie de la guerre, avec sa chevelure de serpents, demeure enchaînée devant les portes, car le seuil inviolable de la maison hospitalière est gardé par le serment, le fils d'Erinnys, le plus redoutable des dieux de l'enfer.

SECOND CHŒUR. (BOHÉMOND.) Mon cœur irrité se révolte dans ma poitrine, mon poing se serre pour le combat, car je vois la tête de Méduse, le visage odieux de mon ennemi. J'ai peine à commander à mon sang qui bouillonne. L'honorerai-je de ma parole? ou obéirai-je à l'ardeur de mon courroux? Mais l'Euménide m'épouvante, gardienne de ce séjour, et le règne de la paix de Dieu.

Erster Chor. (Cajetan.)

Weisere Fassung
Ziemet dem Alter,
Ich, der Vernünftige, grüße zuerst.

(Zu dem zweiten Chor.)

Sei mir willkommen,
Der du mit mir
Gleiche Gefühle
Brüderlich theilend,
Dieses Palastes
Schützende Götter
Fürchtend verehrst!
Weil sich die Fürsten gütlich besprechen,
Wollen auch wir jetzt Worte des Friedens
Harmlos wechseln mit ruhigem Blut,
Denn auch das Wort ist, das heilende, gut.
Aber treff' ich dich draußen im Freien,
Da mag der blutige Kampf sich erneuen,
Da erprobe das Eisen den Muth.

Der ganze Chor.

Aber treff' ich dich draußen im Freien,
Da mag der blutige Kampf sich erneuen,
Da erprobe das Eisen den Muth.

Erster Chor. (Berengar.)

Dich nicht haff' ich! Nicht du bist mein Feind!
Eine Stadt hat ja uns geboren,
Jene sind ein fremdes Geschlecht.
Aber wenn sich die Fürsten befehden,
Müssen die Diener sich morden und tödten,
Das ist die Ordnung, so will es das Recht.

Zweiter Chor. (Bohemund.)

Mögen sie's wissen,
Warum sie sich blutig
Hassend bekämpfen! Mich sicht es nicht an.
Aber wir fechten ihre Schlachten;
Der ist kein Tapfrer, kein Ehrenmann,
Der den Gebieter läßt verachten.

Der ganze Chor.

Aber wir fechten ihre Schlachten;

PREMIER CHŒUR. (GAÉTAN.) Une plus sage retenue convient à
l'âge; j'ai plus de raison, et je salue d'abord.

(Au second chœur.) Sois le bienvenu, toi qui partages mes sentiments fraternels et qui, comme moi, crains et vénères les dieux
protecteurs de ce palais! Puisque nos princes s'entretiennent avec
douceur, nous voulons maintenant, de sang-froid, échanger, nous
aussi, d'innocentes paroles de paix; car elle est bonne aussi, la
parole qui guérit l'âme. Mais si je te rencontre dehors, sous la
libre voûte des cieux, que la lutte sanglante, j'y consens, se re-
uvelle, et que le   fer éprouve le courage!

TOUT LE CHŒUR. Mais si je te rencontre dehors, sous la libre
voûte des cieux, que la lutte sanglante, j'y consens, se renouvelle,
et que le fer éprouve le courage!

PREMIER CHŒUR. (BÉRENGER.) Ce n'est pas t i que je hais! Ce
n'est pas toi qui es mon ennemi! car une même ville nous a enfantés, et ils sont, eux, une race étrangère. Mais quand les princes
se combattent, il faut que les serviteurs se tuent et s'immolent.
Tel est l'ordre, tel est le droit.

SECOND CHŒUR. (BOHÉMOND.) A eux de savoir pourquoi ils luttent
et se haïssent d'une haine sanglante; il ne m'importe, à moi!
Mais nous combattons leurs combats. Celui-là n'est ni vaillant, ni
homme d'honneur, qui laisse mépriser son chef!

TOUT LE CHŒUR. Mais nous combattons leurs combats. Celui-là

Der ist kein Tapfrer, kein Ehrenmann,
Der den Gebieter läßt verachten.

Einer aus dem Chor. (Berengar.)

Hört, was ich bei mir selbst erwogen,
Als ich müßig daher gezogen
Durch des Korns hochwallende Gassen,
Meinen Gedanken überlassen.
  Wir haben uns in des Kampfes Wuth
Nicht besonnen und nicht berathen,
Denn uns bethörte das brausende Blut.
  Sind sie nicht unser, diese Saaten?
Diese Ulmen, mit Reben umsponnen,
Sind sie nicht Kinder unsrer Sonnen?
Könnten wir nicht in frohem Genuß
Harmlos vergnügliche Tage spinnen,
Lustig das leichte Leben gewinnen?
Warum ziehn wir mit rasendem Beginnen
Unser Schwert für das fremde Geschlecht?
Es hat an diesem Boden kein Recht.
Auf dem Meerschiff ist es gekommen
Von der Sonne röthlichtem Untergang;
Gastlich haben wir's aufgenommen,
(Unsre Väter — die Zeit ist lang)
Und jetzt sehen wir uns alle als Knechte,
Unterthan diesem fremden Geschlechte!

Ein zweiter. (Manfred.)

Wohl! Wir bewohnen ein glückliches Land,
Das die himmelumwandelnde Sonne
Ansieht mit immer freundlicher Helle,
Und wir können es fröhlich genießen;
Aber es läßt sich nicht sperren und schließen,
Und des Meers rings umgebende Welle,
Sie verräth uns dem kühnen Corsaren,
Der die Küste verwegen durchkreuzt.
Einen Segen haben wir zu bewahren,
Der das Schwert nur des Fremdlings reizt.
Sklaven sind wir in den eigenen Sitzen,
Das Land kann seine Kinder nicht schützen.
Nicht, wo die goldene Ceres lacht

n'est ni vaillant, ni homme d'honneur, qui laisse mépriser son chef.

UN HOMME DU CHŒUR. (BÉRENGER.) Écoutez ce que j'ai pesé en moi-même, comme je suivais, inoccupé et tout entier à mes pensées, les sentiers que bordent les hautes moissons ondoyantes.

Dans la fureur du combat, nous n'avons ni réfléchi, ni délibéré : notre sang bouillant nous aveuglait.

Ne sont-elles pas à nous, ces moissons? Ces ormeaux, où la vigne s'entrelace, ne sont-ils pas les enfants de notre soleil ? Ne pourrions-nous, dans une douce jouissance, filer des jours innocents et joyeux, gagner gaiement une vie facile ? Pourquoi, d'une ardeur emportée, tirons-nous le glaive pour une race étrangère ? Elle n'a aucun droit sur ce sol. Elle est venue, sur un navire apporté par les flots, des bords empourprés du couchant; nous l'avons reçue en hôtes (je veux dire nos pères...., ce temps est loin de nous), et maintenant nous nous voyons soumis comme des esclaves à cette race étrangère.

UN SECOND HOMME DU CHŒUR. (MANFRED.) Oui ! nous habitons une heureuse contrée que le soleil, dans sa course céleste, éclaire de rayons toujours bienfaisants, et nous pourrions en jouir gaiement; mais elle ne peut se clore ni se murer, et les flots de la mer qui de toutes parts l'entourent nous livrent au hardi corsaire qui croise audacieusement sur nos côtes. Nous avons à garder des trésors d'abondance qui ne font qu'attirer l'épée de l'étranger. Nous sommes esclaves dans nos propres demeures, le pays ne peut protéger ses enfants. Ce n'est pas aux lieux où rit la blonde Cérès et

Und der friedliche Pan, der Flurenbehüter,
Wo das Eisen wächst in der Berge Schacht,
Da entspringen der Erde Gebieter.

Erster Chor. (Cajetan.)

Ungleich vertheilt sind des Lebens Güter
Unter der Menschen flücht'gem Geschlecht;
Aber die Natur, sie ist ewig gerecht.
Uns verlieh sie das Mark und die Fülle,
Die sich immer erneuend erschafft,
Jenen ward der gewaltige Wille
Und die unzerbrechliche Kraft.
Mit der furchtbaren Stärke gerüstet,
Führen sie aus, was dem Herzen gelüstet,
Füllen die Erde mit mächtigem Schall;
Aber hinter den großen Höhen
Folgt auch der tiefe, der donnernde Fall.
    Darum lob' ich mir, niedrig zu stehen,
Mich verbergend in meiner Schwäche.
Jene gewaltigen Wetterbäche
Aus des Hagels unendlichen Schloßen,
Aus den Wolkenbrüchen zusammen geflossen,
Kommen finster gerauscht und geschossen,
Reißen die Brücken und reißen die Dämme
Donnernd mit fort im Wogengeschwemme.
Nichts ist, das die Gewaltigen hemme.
Doch nur der Augenblick hat sie geboren,
Ihres Laufes furchtbare Spur
Geht verrinnend im Sande verloren,
Die Zerstörung verkündigt sie nur.
— Die fremden Eroberer kommen und gehen;
Wir gehorchen, aber wir bleiben stehen.

Die hintere Thüre öffnet sich; Donna Isabella erscheint zwischen
ihren Söhnen Don Manuel und Don Cesar.

Beide Chöre. (Cajetan.)

Preis ihr und Ehre,
Die uns dort aufgeht,
Eine glänzende Sonne!
Knieend verehr' ich dein herrliches Haupt.

Pan, le dieu paisible qui garde les guérets, c'est où croît le fer dans les flancs des montagnes, que naissent les dominateurs de la terre.

PREMIER CHŒUR. (GAÉTAN.) Les biens de la vie sont inégalement partagés entre la race éphémère des humains; mais la nature est éternellement juste. A nous, elle a donné la sève et l'abondance, qui sans cesse se crée et se renouvelle; à eux est échue la volonté puissante et l'indomptable vigueur. Armés de la force terrible, ils accomplissent ce qui plaît à leur cœur et remplissent la terre d'un bruit formidable, mais derrière les hauts sommets est le précipice, la chute profonde retentissante.

Aussi je m'applaudis de séjourner en bas, caché dans ma faiblesse. Ces violents torrents d'orage que forment les grains infinis de la grêle et les cataractes des nuées, viennent et bondissent avec un sourd fracas, emportent les ponts dans leur cours, emportent les digues, noyées dans leurs flots tonnants : rien ne peut arrêter leur violence. Mais ils sont la création du moment; la trace redoutable de leur cours va se perdre et disparaître dans le sable : la destruction seule la révèle..... Les conquérants étrangers viennent et s'en vont; nous obéissons, mais nous demeurons.

La porte du fond s'ouvre. DONNA ISABELLA paraît entre ses deux fils, DON MANUEL et DON CÉSAR.

LES DEUX CHŒURS. Honneur et gloire à ce brillant soleil qui se lève à nos yeux ! Je vénère à genoux ton front auguste.

Erster Chor. (Berengar.)

Schön ist des Mondes
Mildere Klarheit
Unter der Sterne blitzendem Glanz,
Schön ist der Mutter
Liebliche Hoheit
Zwischen der Söhne feuriger Kraft;
Nicht auf der Erden
Ist ihr Bild und ihr Gleichniß zu sehn.
  Hoch auf des Lebens
Gipfel gestellt,
Schließt sie blühend den Kreis des Schönen,
Mit der Mutter und ihren Söhnen
Krönt sich die herrlich vollendete Welt.
Selber die Kirche, die göttliche, stellt nicht
Schöneres dar auf dem himmlischen Thron;
Höheres bildet
Selber die Kunst nicht, die göttlich geborne,
Als die Mutter mit ihrem Sohn.

Zweiter Chor. (Bohemund.)

Freudig sieht sie aus ihrem Schooße
Einen blühenden Baum sich erheben,
Der sich ewig sprossend erneut.
Denn sie hat ein Geschlecht geboren,
Welches wandeln wird mit der Sonne
Und den Namen geben der rollenden Zeit.

(Roger.)

Völker verrauschen,
Namen verklingen,
Finstre Vergessenheit
Breitet die dunkelnachtenden Schwingen
Ueber ganzen Geschlechtern aus.
  Aber der Fürsten
Einsame Häupter
Glänzen erhellt,
Und Aurora berührt sie
Mit den ewigen Strahlen
Als die ragenden Gipfel der Welt.

PREMIER CHŒUR. (GAÉTAN.) Belle est la clarté plus douce de la lune, parmi l'éclat scintillant des étoiles ! Belle aussi est l'aimable majesté de la mère auprès de l'ardente vigueur de ses fils ! La terre ne nous offre ni son image ni rien de comparable.

Placée au suprême sommet de la vie, en elle se résume et s'achève toute beauté : la mère et les fils forment la couronne sublime d'un monde accompli.

L'Église même, la divine Église, ne place rien de plus beau sur le trône céleste ; l'art lui-même, l'art né de Dieu, ne crée rien de plus grand que la mère avec son fils.

SECOND CHŒUR. (BÉRENGER.) Elle voit avec bonheur s'élever de son sein un arbre florissant, qui à jamais se renouvelle par ses rejetons. Car elle a enfanté une race qui accompagnera le soleil dans sa révolution et donnera son nom au cours infini du temps.

(ROGER.) Le bruit des peuples s'éteint, le murmure des noms ; le sombre oubli étend ses ailes plus noires que la nuit sur des générations entières.

Mais les fronts solitaires des princes brillent, éclairés toujours, et l'aurore les touche de ses éternels rayons, comme les sommets qui dominent le monde.

Isabella (mit ihren Söhnen hervortretend).

Blick' nieder, hohe Königin des Himmels,
Und halte deine Hand auf dieses Herz,
Daß es der Uebermuth nicht schwellend hebe;
Denn leicht vergäße sich der Mutter Freude,
Wenn sie sich spiegelt in der Söhne Glanz,
Zum erstenmal, seitdem ich sie geboren,
Umfass' ich meines Glückes Fülle ganz.
Denn bis auf diesen Tag mußt' ich gewaltsam
Des Herzens fröhliche Ergießung theilen;
Vergessen ganz mußt' ich den einen Sohn,
Wenn ich der Nähe mich des andern freute.
O, meine Mutterliebe ist nur eine,
Und meine Söhne waren ewig zwei!
— Sagt, darf ich ohne Zittern mich der süßen
Gewalt des trunknen Herzens überlassen?

(Zu Don Manuel.)

Wenn ich die Hand des Bruders freundlich drücke,
Stoß' ich den Stachel nicht in deine Brust?

(Zu Don Cesar.)

Wenn ich das Herz an seinem Anblick weide,
Ist's nicht ein Raub an dir? — O, ich muß zittern,
Daß meine Liebe selbst, die ich euch zeige,
Nur eures Hasses Flammen heft'ger schüre.

(Nachdem sie beide fragend angesehen.)

Was darf ich mir von euch versprechen? Redet!
Mit welchem Herzen kamet ihr hieher?
Ist's noch der alte unversöhnte Haß,
Den ihr mit herbringt in des Vaters Haus,
Und wartet draußen vor des Schlosses Thoren
Der Krieg, auf Augenblicke nur gebändigt
Und knirschend in das eherne Gebiß,
Um alsobald, wenn ihr den Rücken mir
Gekehrt, mit neuer Wuth sich zu entfesseln?

Chor. (Bohemund.)

Krieg oder Frieden! Noch liegen die Loose
Dunkel verhüllt in der Zukunft Schooße!
Doch es wird sich noch, eh wir uns trennen, entscheiden:
Wir sind bereit und gerüstet zu Beiden.

ISABELLA (s'avançant avec ses fils). Abaisse ici tes regards, reine auguste du ciel, et tiens ta main sur ce cœur, pour qu'il ne s'élève pas, enflé d'orgueil. Car, dans sa joie, une mère peut aisément s'oublier, quand elle se mire dans l'éclat de ses enfants. Pour la première fois, depuis que je les ai enfantés, j'embrasse toute la plénitude de mon bonheur ; car, jusqu'à ce jour, j'ai dû me contraindre, et faire deux parts des douces effusions de mon cœur ; il me fallait oublier entièrement l'un de mes fils, quand je jouissais de la présence de l'autre. Oh ! mon amour maternel est unique et toujours mes fils étaient deux !... Dites, puis-je, sans trembler, puis-je m'abandonner au doux empire de mon cœur enivré ? (A don Manuel.) Quand je presse tendrement la main de ton frère, ne te semble-t-il plus que j'enfonce un trait dans ton sein ? (A don César.) Quand je repais mon cœur de sa vue, n'est-ce plus un larcin que je te fais ?... Oh ! je tremble malgré moi que cet amour même que je vous témoigne ne fasse qu'attiser encore les flammes de votre haine. (Après les avoir regardés l'un et l'autre en les interrogeant des yeux.) Que puis-je me promettre de vous ? Parlez ! Dans quels sentiments êtes-vous venus ici ? Est-ce encore votre vieille haine irréconciliable que vous apportez dans la maison de votre père, et la guerre attend-elle toujours là dehors, aux portes du palais, la guerre, enchaînée pour un instant à peine, et grinçant les dents sur son frein d'airain, pour se déchaîner bientôt avec une nouvelle fureur, dès que vous m'aurez quittée ?

LE CHŒUR. (BOHÉMOND.) La guerre ou la paix ! Les chances du sort sont encore cachées dans les ténèbres au sein de l'avenir ! Mais, avant que nous nous séparions, ce sera chose décidée, et nous sommes prêts et disposés pour l'une comme pour l'autre.

Isabella (im ganzen Kreis herumschauend).
Und welcher furchtbar kriegerische Anblick!
Was sollen diese hier? Ist's eine Schlacht,
Die sich in diesen Sälen zubereitet?
Wozu die fremde Schaar, wenn eine Mutter
Das Herz aufschließen will vor ihren Kindern?
Bis in den Schooß der Mutter fürchtet ihr
Der Arglist Schlingen, tückischen Verrath,
Daß ihr den Rücken euch besorglich deckt?
— O diese wilden Banden, die euch folgen,
Die raschen Diener eures Zorns — sie sind
Nicht eure Freunde! Glaubet nimmermehr,
Daß sie euch wohlgesinnt zum Besten rathen!
Wie könnten sie's von Herzen mit euch meinen,
Den Fremdlingen, dem eingedrungnen Stamm,
Der aus dem eignen Erbe sie vertrieben,
Sich über sie der Herrschaft angemaßt?
Glaubt mir! Es liebt ein jeder, frei sich selbst
Zu leben nach dem eigenen Gesetz;
Die fremde Herrschaft wird mit Neid ertragen.
Von eurer Macht allein und ihrer Furcht
Erhaltet ihr den gern versagten Dienst.
Lernt dies Geschlecht, das herzlos falsche, kennen!
Die Schadenfreude ist's, wodurch sie sich
An eurem Glück, an eurer Größe rächen.
Der Herrscher Fall, der hohen Häupter Sturz
Ist ihrer Lieder Stoff und ihr Gespräch,
Was sich vom Sohn zum Enkel forterzählt,
Womit sie sich die Winternächte kürzen.
— O meine Söhne! Feindlich ist die Welt
Und falsch gesinnt! Es liebt ein jeder nur
Sich selbst; unsicher, los und wandelbar
Sind alle Bande, die das leichte Glück
Geflochten — Laune löst, was Laune knüpfte —
Nur die Natur ist redlich! Sie allein
Liegt an dem ew'gen Ankergrunde fest,
Wenn alles andre auf den sturmbewegten Wellen
Des Lebens unstet treibt — die Neigung gibt
Den Freund, es gibt der Vortheil den Gefährten;

ISABELLA (promenant ses regards sur tout le cercle). Et quel aspect
terrible et guerrier! Pourquoi ces hommes ici? Est-ce un combat
qui s'apprête dans ces salles? A quoi bon cette troupe étrangère,
lorsqu'une mère veut ouvrir son cœur devant ses enfants? Jusque
dans le sein d'une mère, craignez-vous donc les pièges de la
ruse et la trahison perfide, que vous vous entourez si timidement
de défenseurs?... Oh! ces bandes farouches qui vous suivent,
ces prompts ministres de votre colère... ils ne sont point vos
amis! Ne croyez pas qu'ils aient en vue votre bien et vous don-
nent de bons conseils! Comment pourraient-ils, de cœur, s'ac-
corder avec vous, avec des étrangers, des envahisseurs, avec la
race qui les a chassés de leur propre héritage et s'est arrogé
sur eux la domination? Croyez-moi! Chacun aime à vivre libre,
à sa guise, selon ses propres lois, et l'on supporte avec une haine
envieuse l'empire de l'étranger. Ce n'est qu'à votre puissance et
à leur crainte que vous devez leur obéissance, qu'ils vous refu-
seraient volontiers. Apprenez à connaître cette race fausse et
sans cœur! La joie maligne que votre mal leur donne les venge
de votre prospérité et de votre grandeur. La chute de leurs
maîtres, la ruine des dominateurs, est le sujet de leurs chants
et de leurs entretiens; c'est là ce que le fils transmet au petit-
fils, ce qui pour eux abrège les longues nuits d'hiver... O mes
fils! Le monde est plein de haine et de fausseté! Chacun n'aime
que soi. Ils sont incertains, et lâches, et mobiles, tous les liens
formés par le fragile bonheur... Le caprice dénoue ce que le
caprice a noué... La nature seule est sincère! Seule elle demeure
à l'ancre, seule attachée au sol inébranlable, tandis que tout le
reste flotte au hasard sur les vagues orageuses de la vie... Le
penchant vous donne un ami, l'intérêt un compagnon; heureux

Wohl dem, dem die Geburt den Bruder gab!
Ihn kann das Glück nicht geben! Anerschaffen
Ist ihm der Freund, und gegen eine Welt
Voll Kriegs und Truges steht er zweifach da!

Chor. (Cajetan.)

Ja, es ist etwas Großes, ich muß es verehren,
Um einer Herrscherin fürstlichen Sinn,
Ueber der Menschen Thun und Verkehren
Blickt sie mit ruhiger Klarheit hin.
Uns aber treibt das verworrene Streben
Blind und sinnlos durch's wüste Leben.

Isabella (zu Don Cesar).

Du, der das Schwert auf seinen Bruder zückt,
Sieh dich umher in dieser ganzen Schaar,
Wo ist ein edler Bild als deines Bruders?

(Zu Don Manuel.)

Wer unter diesen, die du Freunde nennst,
Darf deinem Bruder sich zur Seite stellen?
Ein jeder ist ein Muster seines Alters,
Und keiner gleicht, und keiner weicht dem andern.
Wagt es, euch in das Angesicht zu sehn!
O Raserei der Eifersucht, des Neides!
Ihn würdest du aus Tausenden heraus
Zum Freunde dir gewählt, ihn an dein Herz
Geschlossen haben als den Einzigen;
Und jetzt, da ihn die heilige Natur
Dir gab, dir in der Wiege schon ihn schenkte,
Trittst du, ein Frevler an dem eignen Blut,
Mit stolzer Willkür ihr Geschenk mit Füßen,
Dich wegzuwerfen an den schlechtern Mann,
Dich an den Feind und Fremdling anzuschließen!

Don Manuel.

Höre mich, Mutter!

Don Cesar.

Mutter, höre mich!

Isabella.

Nicht Worte sind's, die diesen traur'gen Streit
Erledigen — Hier ist das Mein und Dein,
Die Rache von der Schuld nicht mehr zu sondern.

celui à qui la naissance a donné un frère !... La fortune ne peut
le donner... Il a un ami que la nature même attacha à son être ;
grâce à elle, ils sont là deux, contre un monde plein de guerres
et de perfidies.

LE CHŒUR. (GAÉTAN.) Oui, c'est une auguste chose (comment
ne pas la vénérer ?) que la royale pensée d'une souveraine ! Elle
considère avec une calme clairvoyance la conduite et les actions
des hommes ; mais nous, une impulsion confuse nous pousse,
étourdis et aveugles, à travers le tumulte de la vie.

ISABELLA (à don César). Toi qui tires le glaive contre ton frère
regarde autour de toi, dans toute cette troupe, où est une plus
noble figure que celle de ton frère ? (A don Manuel.) Qui, entre tous
ces hommes que tu appelles tes amis, oserait se placer auprès
de ton frère ? Chacun des deux est le modèle de son âge ; ils ne
ressemblent ni ne le cèdent l'un à l'autre. Osez vous regarder
en face ! O fureur de la jalousie, de l'envie ! Tu l'aurais choisi
entre mille pour l'aimer, tu l'aurais pressé sur ton cœur comme
ton unique ami, et maintenant que la sainte nature te l'a donné,
te l'a offert dès le berceau, tu foules aux pieds son présent par
un superbe caprice, et attentes à ton propre sang, pour te
prodiguer à qui vaut moins, pour t'attacher à l'ennemi, à
l'étranger !

DON MANUEL. Écoute-moi, ma mère !

DON CÉSAR. Ma mère, écoute-moi !

ISABELLA. Ce ne sont point des paroles qui peuvent terminer
cette triste querelle.... Il n'est plus possible ici de distinguer le
mien et le tien, l'offense de la vengeance... Qui pourrait encore

— Wer möchte noch das alte Bette finden
Des Schwefelstroms, der glühend sich ergoß?
Des unterird'schen Feuers schreckliche
Geburt ist alles, eine Lavarinde
Liegt aufgeschichtet über dem Gesunden,
Und jeder Fußtritt wandelt auf Zerstörung.
— Nur dieses Eine leg' ich euch an's Herz:
Das Böse, das der Mann, der mündige,
Dem Manne zufügt, das, ich will es glauben,
Vergibt sich und versöhnt sich schwer. Der Mann
Will seinen Haß, und keine Zeit verändert
Den Rathschluß, den er wohl besonnen faßt.
Doch eures Haders Ursprung steigt hinauf
In unverständ'ger Kindheit frühe Zeit,
Sein Alter ist's, was ihn entwaffnen sollte.
Fraget zurück, was euch zuerst entzweite;
Ihr wißt es nicht, ja, fändet ihr's auch aus,
Ihr würdet euch des kind'schen Haders schämen.
Und dennoch ist's der erste Kinderstreit,
Der, fortgezeugt in unglücksel'ger Kette,
Die neuste Unbill dieses Tags geboren.
Denn alle schweren Thaten, die bis jetzt geschah'n,
Sind nur des Argwohns und der Rache Kinder.
— Und jene Knabenfehde wolltet ihr
Noch jetzt fortkämpfen, da ihr Männer seid?

(Beider Hände fassend.)

O, meine Söhne! Kommt, entschließet euch,
Die Rechnung gegenseitig zu vertilgen,
Denn gleich auf beiden Seiten ist das Unrecht.
Seid edel, und großherzig schenkt einander
Die unabtragbar ungeheure Schuld.
Der Siege göttlichster ist das Vergeben!
In eures Vaters Gruft werft ihn hinab,
Den alten Haß der frühen Kinderzeit!
Der schönen Liebe sei das neue Leben,
Der Eintracht, der Versöhnung sei's geweiht.

(Sie tritt einen Schritt zwischen beiden zurück, als wolle sie ihnen
  Raum geben, sich einander zu nähern. Beide blicken zur Erde ohne
  einander anzusehen.)

retrouver l'antique et premier lit du torrent de soufre qui s'est
débordé en flammes? Tout ensemble est le terrible produit du
feu souterrain; une couche de lave a couvert d'une épaisse
écorce le sain et bon sol, et nulle part le pied ne foule que les
ravages... Je ne veux suggérer à vos cœurs que cette seule
pensée : le mal que l'homme, dans la plénitude de sa raison,
fait à un autre homme, se pardonne et s'expie à grand'peine;
je veux le croire. L'homme s'obstine dans sa haine, et le temps
ne peut changer la résolution qu'il arrête après mûr examen.
Mais l'origine de votre querelle remonte aux premiers temps de
l'enfance sans raison; son âge même devrait vous désarmer.
Demandez à vos souvenirs ce qui d'abord vous a divisés : vous ne
le savez pas, et, quand vous le découvririez, vous auriez honte
de cette puérile discorde. Et pourtant c'est cette première lutte
d'enfants qui, propagée par un enchaînement funeste, a tout
produit, jusqu'aux plus récentes offenses du jour présent; car
tous les actes les plus graves commis jusqu'à ce jour ne sont
que les fruits du soupçon et de la vengeance... Et cette guerre
d'enfants, vous en voudriez continuer les combats, maintenant
que vous êtes hommes? (Leur prenant la main à tous deux.) O mes
fils! venez, décidez-vous à effacer réciproquement le compte du
passé ; car le tort est égal des deux côtés. Soyez généreux et
remettez-vous l'un à l'autre la dette immense que vous ne sau-
riez acquitter. Le plus divin des triomphes, c'est le pardon. Jetez-la
dans le tombeau de votre père, cette vieille haine de la première
enfance. Que votre vie nouvelle soit consacrée au noble amour,
à la concorde, à la réconciliation. (Elle se recule d'un pas, comme
pour leur laisser entre eux la place de s'approcher l'un de l'autre. Ils fixent
tous deux les yeux sur le sol sans se regarder.)

Chor. (Cajetan.)

Höret der Mutter vermahnende Rede,
Wahrlich, sie spricht ein gewichtiges Wort!
Laßt es genug sein und endet die Fehde,
Oder gefällt's euch, so setzet sie fort.
Was euch genehm ist, das ist mir gerecht,
Ihr seid die Herrscher und ich bin der Knecht.

Isabella
(nachdem sie einige Zeit innegehalten und vergebens eine Aeußerung
der Brüder erwartet, mit unterdrücktem Schmerz).

Jetzt weiß ich nichts mehr. Ausgeleert hab' ich
Der Worte Köcher und erschöpft der Bitten Kraft.
Im Grabe ruht, der euch gewaltsam bändigte,
Und machtlos steht die Mutter zwischen euch.
— Vollendet! Ihr habt freie Macht! Gehorcht
Dem Dämon, der euch sinnlos wüthend treibt,
Ehrt nicht des Hausgotts heiligen Altar,
Laßt diese Halle selbst, die euch geboren,
Den Schauplatz werden eures Wechselmords.
Vor eurer Mutter Aug' zerstöret euch
Mit euren eignen, nicht durch fremde Hände.
Leib gegen Leib, wie das thebanische Paar,
Rückt auf einander an, und, wuthvoll ringend,
Umfanget euch mit eherner Umarmung.
Leben um Leben tauschend siege Jeder,
Den Dolch einbohrend in des Andern Brust,
Daß selbst der Tod nicht eure Zwietracht heile,
Die Flamme selbst, des Feuers rothe Säule,
Die sich von eurem Scheiterhaufen hebt,
Sich zweigespalten von einander theile,
Ein schaudernd Bild, wie ihr gestorben und gelebt.

(Sie geht ab. Die Brüder bleiben noch in der vorigen Entfernung
von einander stehen.)

Beide Brüder. Beide Chöre.

Chor. (Cajetan.)

Es sind nur Worte, die sie gesprochen,
Aber sie haben den fröhlichen Muth
In der felsigten Brust mir gebrochen!
Ich nicht vergoß das verwandte Blut.

LE CHŒUR. (GAÉTAN.) Écoutez le discours d'une mère qui vous exhorte ; elle dit, en vérité, de graves paroles. A votre gré, cessez et terminez la querelle, ou, si vous le voulez, continuez-la. Ce que vous préférez est pour moi la justice : vous êtes les maîtres et je suis le serviteur.

ISABELLA (après avoir gardé quelque temps le silence et attendu vainement une manifestation des deux frères, reprend avec une douleur étouffée).

Maintenant je ne sais plus rien. J'ai vidé mon carquois, épuisé mes conseils, la force des prières. Il dort dans la tombe, celui dont la puissance vous domptait, et votre mère est là, impuissante, entre vous... Achevez ! vous avez plein pouvoir. Obéissez au malfaisant génie qui vous pousse, aveugles et furieux ; ne respectez pas le saint autel du dieu domestique ; faites de ce palais même qui vous donna le jour le théâtre de vos mutuels attentats. Sous les yeux de votre mère, exterminez-vous de vos propres mains, non par la main d'autrui. Corps à corps, comme le couple thébain, attaquez-vous l'un l'autre, et, luttant avec fureur, enlacez-vous d'une étreinte d'airain. Prenant vie pour vie, que chacun de vous triomphe, enfonçant le poignard dans le sein de l'autre, et, pour que la mort même n'apaise point votre discorde, que la flamme aussi, la rouge colonne de feu qui s'élèvera de votre bûcher, se divise et s'écarte, emblème affreux de votre mort et de votre vie. (Elle sort. Les frères demeurent encore, comme avant, éloignés l'un de l'autre.)

LES DEUX FRÈRES, LES DEUX CHŒURS.

LE CHŒUR. (GAÉTAN.) Ce ne sont que des paroles qu'elle a dites, mais elles ont brisé dans mon sein dur comme le roc toute allégresse et toute ardeur. Ce n'est pas moi qui ai versé le sang

Rein zum Himmel erheb' ich die Hände :
Ihr seid Brüder! Bedenket das Ende!

         Don Cesar (ohne Don Manuel anzusehen).

Du bist der ältre Bruder, rede du!
Dem Erstgebornen weich' ich ohne Schande.

         Don Manuel (in derselben Stellung).

Sag' etwas Gutes, und ich folge gern
Dem edeln Beispiel, das der jüngre gibt.

         Don Cesar.

Nicht, weil ich für den Schuldigeren mich
Erkenne oder schwächer gar mich fühle —

         Don Manuel.

Nicht Kleinmuths zeiht Don Cesarn, wer ihn kennt,
Fühlt' er sich schwächer, würd' er stolzer reden.

         Don Cesar.

Denkst du von deinem Bruder nicht geringer?

         Don Manuel.

Du bist zu stolz zur Demuth, ich zur Lüge.

         Don Cesar.

Verachtung nicht erträgt mein edles Herz.
Doch in des Kampfes heftigster Erbittrung
Gedachtest du mit Würde deines Bruders.

         Don Manuel.

Du willst nicht meinen Tod, ich habe Proben.
Ein Mönch erbot sich dir, mich meuchlerisch
Zu morden; du bestraftest den Verräther.

         Don Cesar (tritt etwas näher).

Hätt' ich dich früher so gerecht erkannt,
Es wäre Vieles ungeschehn geblieben.

         Don Manuel.

Und hätt' ich dir ein so versöhnlich Herz
Gewußt, viel Mühe spart' ich dann der Mutter.

         Don Cesar.

Du wurdest mir viel stolzer abgebildet.

         Don Manuel.

Es ist der Fluch der Hohen, daß die Niedern
Sich ihres offnen Ohrs bemächtigen.

         Don Cesar (lebhaft).

So ist's. Die Diener tragen alle Schuld.

fraternel, je lève au ciel des mains pures. Vous êtes frères! Considérez la fin!

DON CÉSAR (sans regarder don Manuel). Tu es le frère aîné, parle! Je céderai sans honte au premier-né.

DON MANUEL (dans la même attitude). Dis quelque bonne parole, et je suivrai volontiers le noble exemple que me donnera mon frère plus jeune.

DON CÉSAR. Ce n'est pas que je me reconnaisse plus coupable ou que je me sente même plus faible...

DON MANUEL. Qui connaît don César ne l'accusera pas de manquer de courage: s'il se sentait plus faible, son langage serait plus fier.

DON CÉSAR. L'opinion que tu as de ton frère est-elle aussi haute?

DON MANUEL. Tu es trop fier pour t'abaisser et moi pour mentir.

DON CÉSAR. Mon noble cœur ne supporte pas le mépris. Mais, dans le plus vif acharnement du combat, tu parlais dignement, je le sais, de ton frère.

DON MANUEL. Tu ne veux point ma mort; j'en ai des preuves. Un moine s'offrit à toi pour me tuer traîtreusement: tu punis le traître.

DON CÉSAR (s'approche un peu). Si je t'avais plus tôt connu si juste, bien des choses ne seraient point arrivées.

DON MANUEL. Et si j'avais su que ton cœur était si ouvert à la réconciliation, j'aurais épargné bien des peines à ma mère.

DON CÉSAR. On t'avait dépeint à moi bien plus orgueilleux.

DON MANUEL. C'est la malédiction des grands que les inférieurs s'emparent de leur oreille trop ouverte.

DON CÉSAR (vivement). C'est cela. Ce sont nos serviteurs qui ont tous les torts...

DON MANUEL. Qui ont aliéné nos cœurs par une haine amère...

FIANCÉE DE MESSINE.   3

Don Manuel.
Die unser Herz in bitterm Haß entfremdet.

Don Cesar.
Die böse Worte hin und wieder trugen.

Don Manuel.
Mit falscher Deutung jede That vergiftet.

Don Cesar.
Die Wunde nährten, die sie heilen sollten.

Don Manuel.
Die Flammen schürten, die sie löschen konnten.

Don Cesar.
Wir waren die Verführten, die Betrognen!

Don Manuel.
Das blinde Werkzeug fremder Leidenschaft!

Don Cesar.
Ist's wahr, daß alles Andre treulos ist —

Don Manuel.
Und falsch! Die Mutter sagt's; du darfst es glauben!

Don Cesar.
So will ich diese Bruderhand ergreifen —
(Er reicht ihm die Hand hin.)

Don Manuel (ergreift sie lebhaft).
Die mir die nächste ist auf dieser Welt.

(Beide stehen Hand in Hand und betrachten einander eine Zeit lang
schweigend.)

Don Cesar.
Ich seh' dich an, und überrascht, erstaunt
Find' ich in dir der Mutter theure Züge.

Don Manuel.
Und eine Aehnlichkeit entdeckt sich mir
In dir, die mich noch wunderbarer rühret.

Don Cesar.
Bist du es wirklich, der dem jüngern Bruder
So hold begegnet und so gütig spricht?

Don Manuel.
Ist dieser freundlich sanftgesinnte Jüngling
Der übelwollend mir gehäss'ge Bruder?

(Wiederum Stillschweigen; jeder steht in den Anblick des andern
verloren.)

DON CÉSAR. Qui portaient et rapportaient de méchants propos...

DON MANUEL. Envenimaient tous nos actes par de fausses interprétations...

DON CÉSAR. Entretenaient la plaie qu'ils auraient dû guérir...

DON MANUEL. Attisaient la flamme qu'ils pouvaient éteindre.

DON CÉSAR. C'est nous qui étions égarés et trompés !

DON MANUEL. L'aveugle instrument de la passion d'autrui !

DON CÉSAR. Est-il vrai que tout le reste est perfide ?...

DON MANUEL. Et faux ! Ma mère le dit, tu peux le croire !

DON CÉSAR. Alors je veux prendre cette main fraternelle... (Il lui tend la main.)

DON MANUEL (la saisit vivement). Je n'en ai pas de plus proche dans tout cet univers. (Ils se tiennent par la main et se regardent quelque temps en silence.)

DON CÉSAR. Je te regarde, et, surpris, étonné, je retrouve en toi les traits chéris de ma mère.

DON MANUEL. Et je découvre en toi une ressemblance qui m'émeut et m'étonne plus encore.

DON CÉSAR. Est-ce bien toi qui a pour ton jeune frère un si aimable accueil, de si bonnes paroles ?

DON MANUEL. Ce jeune homme au cœur d'ami, aux sentiments tendres, est-ce là ce frère haineux et malveillant ? (Nouveau silence. Ils s'oublient à se contempler l'un l'autre.)

Don Cesar.

Du nahmst die Pferde von arab'scher Zucht
In Anspruch aus dem Nachlaß unsers Vaters.
Den Rittern, die du schicktest, schlug ich's ab.

Don Manuel.

Sie sind dir lieb, ich denke nicht mehr dran.

Don Cesar.

Nein, nimm die Rosse, nimm den Wagen auch
Des Vaters, nimm sie, ich beschwöre dich!

Don Manuel.

Ich will es thun, wenn du das Schloß am Meere
Beziehen willst, um das wir heftig stritten.

Don Cesar.

Ich nehm' es nicht, doch bin ich's wohl zufrieden,
Daß wir's gemeinsam brüderlich bewohnen.

Don Manuel.

So sei's! Warum ausschließend Eigenthum
Besitzen, da die Herzen einig sind?

Don Cesar.

Warum noch länger abgesondert leben,
Da wir vereinigt, Jeder reicher werden?

Don Manuel.

Wir sind nicht mehr getrennt, wir sind vereinigt.
(Er eilt in seine Arme.)

Erster Chor (zum zweiten). (Cajetan.)

Was stehen wir hier noch feindlich geschieden,
Da die Fürsten sich liebend umfassen?
Ihrem Beispiel folg' ich und biete dir Frieden,
Wollen wir einander denn ewig hassen?
Sind sie Brüder durch Blutes Bande,
Sind wir Bürger und Söhne von einem Lande.
(Beide Chöre umarmen sich.)
Ein Bote tritt auf.

Zweiter Chor (zu Don Cesar). (Bohemund.)

Den Späher, den du ausgesendet, Herr,
Erblick' ich wiederkehrend. Freue dich,
Don Cesar! Gute Botschaft harret dein,
Denn fröhlich strahlt der Blick des Kommenden.

DON CÉSAR. Tu prétendais à ces chevaux de race arabe, de l'héritage de notre père, je les ai refusés aux chevaliers que tu m'as envoyés.

DON MANUEL. Ils t'agréent, je n'y pense plus.

DON CÉSAR. Non, prends les chevaux ; prends aussi le char de notre père ; prends-les, je t'en conjure !

DON MANUEL. J'y consens, si tu veux prendre possession du château au bord de la mer, que nous nous sommes vivement disputé.

DON CÉSAR. Je ne le prendrai pas, mais je veux bien que nous l'habitions fraternellement ensemble.

DON MANUEL. Qu'il en soit ainsi ! Pourquoi posséder à part les biens, quand les cœurs sont unis ?

DON CÉSAR. Pourquoi vivre plus longtemps séparés, quand, par notre union, nous serons chacun plus riches ?

DON MANUEL. Nous ne sommes plus divisés ; nous sommes réunis. (Il se jette dans les bras de don César.)

LE PREMIER CHŒUR (au second). (GAÉTAN). Pourquoi nous tenir encore éloignés comme des ennemis, quand nos princes s'embrassent avec amour ? Je suis leur exemple et je t'offre la paix. Voulons-nous donc nous haïr éternellement ? S'ils sont frères par les liens du sang, nous sommes les citoyens et les enfants d'une même terre. (Les deux Chœurs s'embrassent.)

UN MESSAGER (entre).

LE SECOND CHŒUR (à don César). (BOHÉMOND). Je vois, seigneur, revenir l'explorateur que tu avais envoyé. Réjouis-toi, don César ! Un heureux message t'attend, car la joie brille dans les regards de celui qui vient.

Bote.

Heil mir und Heil der fluchbefreiten Stadt!
Des schönsten Anblicks wird mein Auge froh.
Die Söhne meines Herrn, die Fürsten seh' ich
In friedlichem Gespräche, Hand in Hand,
Die ich in heißer Kampfeswuth verlassen.

Don Cesar.

Du siehst die Liebe aus des Hasses Flammen
Wie einen neu verjüngten Phönix steigen.

Bote.

Ein zweites leg' ich zu dem ersten Glück!
Mein Botenstab ergrünt von frischen Zweigen!

Don Cesar (ihn bei Seite führend).

Laß hören, was du bringst.

Bote.

         Ein einz'ger Tag
Will alles, was erfreulich ist, versammeln.
Auch die Verlorene, nach der wir suchten,
Sie ist gefunden, Herr, sie ist nicht weit.

Don Cesar.

Sie ist gefunden! O, wo ist sie? Sprich!

Bote.

Hier in Messina, Herr, verbirgt sie sich.

Don Manuel (zu dem ersten Halbchor gewendet).

Von hoher Röthe Gluth seh' ich die Wangen
Des Bruders glänzen, und sein Auge blitzt.
Ich weiß nicht, was es ist; doch ist's die Farbe
Der Freude, und mitfreuend theil' ich sie.

Don Cesar (zu dem Boten).

Komm, führe mich! — Leb' wohl, Don Manuel!
Im Arm der Mutter finden wir uns wieder;
Jetzt fordert mich ein dringend Werk von hier.

(Er will gehen.)

Don Manuel.

Verschieb' es nicht. Das Glück begleite dich.

Don Cesar (besinnt sich und kommt zurück).

Don Manuel! Mehr, als ich sagen kann,
Freut mich dein Anblick — ja, mir ahnet schon,
Wir werden uns wie Herzensfreunde lieben,

LE MESSAGER. O jour heureux pour moi ! heureux pour la ville,
enfin délivrée de sa malédiction ! Mes yeux jouissent du plus
beau spectacle. Je vois les fils de mon maître, nos princes, la
main dans la main, converser paisiblement, eux que j'avais
laissés en proie à la fureur du combat.

DON CÉSAR. Tu vois l'amour, comme un phénix rajeuni, sortir
des flammes de la haine.

LE MESSAGER. Au premier bonheur, j'en ajoute un second !
Mon bâton de messager reverdit, poussant des branches nouvelles.

DON CÉSAR (le menant à l'écart). Dis-moi ce que tu viens m'ap-
prendre.

LE MESSAGER. Un seul jour rassemble toutes les joies. Celle
qui était perdue, celle que nous cherchions, elle est trouvée aussi,
Seigneur : elle n'est pas loin !

DON CÉSAR. Elle est trouvée ! Oh ! où est-elle ? Parle.

LE MESSAGER. C'est ici, dans Messine, qu'elle se cache.

DON MANUEL (tourné vers le premier demi-chœur). Je vois briller
d'une ardente rougeur les joues de mon frère, et son œil étincelle. Je ne sais ce que c'est, mais c'est la couleur de la joie, et
heureux avec lui, je la partage.

DON CÉSAR (au messager). Viens, conduis-moi !... Adieu, don
Manuel ! nous nous retrouverons dans les bras de notre mère ;
maintenant une pressante affaire m'appelle hors d'ici. (Il veut
sortir.)

DON MANUEL. Ne la diffère pas. Que le bonheur t'accompagne !

DON CÉSAR (se ravise et revient). Don Manuel ! Plus que je ne
puis dire, ton aspect me réjouit... Oui, déjà je le pressens, nous
nous aimerons comme deux amis de cœur. Germe longtemps

Der langgebundne Trieb wird freud'ger nur
Und mächt'ger streben in der neuen Sonne.
Nachholen werd' ich das verlorne Leben.

Don Manuel.

Die Blüthe deutet auf die schöne Frucht.

Don Cesar.

Es ist nicht recht, ich fühl's und table mich,
Daß ich mich jetzt aus deinen Armen reiße.
Denk' nicht, ich fühle weniger, als du,
Weil ich die festlich schöne Stunde rasch zerschneide.

Don Manuel (mit sichtbarer Zerstreuung).

Gehorche du dem Augenblick! Der Liebe
Gehört von heute an das ganze Leben.

Don Cesar.

Entdeckt' ich dir, was mich von hinnen ruft —

Don Manuel.

Laß mir dein Herz! Dir bleibe dein Geheimniß.

Don Cesar.

Auch kein Geheimniß trenn' uns ferner mehr,
Bald soll die letzte dunkle Falte schwinden!

(Zu dem Chor gewendet.)

Euch künd' ich's an, damit ihr's alle wisset!
Der Streit ist abgeschlossen zwischen mir
Und dem geliebten Bruder! Den erklär' ich
Für meinen Todfeind und Beleidiger
Und werd' ihn hassen, wie der Hölle Pforten,
Der den erloschnen Funken unsers Streits
Aufbläst zu neuen Flammen — Hoffe keiner
Mir zu gefallen oder Dank zu ernten,
Der von dem Bruder Böses mir berichtet,
Mit falscher Dienstbegier den bittern Pfeil
Des raschen Worts geschäftig weiter sendet.
— Nicht Wurzeln auf der Lippe schlägt das Wort,
Das unbedacht dem schnellen Zorn entflohen!
Doch, von dem Ohr des Argwohns aufgefangen,
Kriecht es wie Schlingkraut endlos treibend fort
Und hängt ans Herz sich an mit tausend Aesten:

comprimé, notre amour fleurira plus vif, plus ardent, à la chaleur d'un soleil nouveau. Je réparerai la vie perdue.

DON MANUEL. La fleur promet de beaux fruits.

DON CÉSAR. Il n'est pas bien, je le sens et je me le reproche, de m'arracher maintenant de tes bras. Ne pense pas que je sente moins vivement que toi, si j'abrège brusquement cette heure douce et solennelle.

DON MANUEL (avec une distraction visible). Obéis à la loi du moment. Dès ce jour, toute notre vie appartient à l'amour.

DON CÉSAR. Si je te découvrais ce qui m'appelle hors d'ici...

DON MANUEL. Laisse-moi ton cœur ! Garde ton secret.

DON CÉSAR. Qu'il n'y ait pas non plus désormais de secret entre nous ; je veux que bientôt ce sombre et dernier pli s'efface. (Se tournant vers le chœur.) Je vous le déclare, pour que tous vous le sachiez ! La guerre est finie entre mon frère bien-aimé et moi. Je tiendrai pour ennemi, pour auteur d'une mortelle offense, et je haïrai, à l'égal des portes de l'enfer, celui qui rallumera, pour en faire jaillir de nouvelles flammes, l'étincelle éteinte de notre querelle... Qu'on n'espère pas me plaire ou recueillir ma reconnaissance, en me disant du mal de mon frère, en relevant pour la lancer plus loin, avec l'empressement d'une perfide obligeance, la flèche empoisonnée de la parole rapide... Elle ne prend point racine sur les lèvres, la parole étourdie qui échappe à la prompte colère ; mais, recueillie par l'oreille du soupçon, elle se glisse, comme la plante rampante, poussant ses jets à l'infini, et s'attache au cœur qu'elle entoure de ses mille rameaux. Et ainsi les bons,

So trennen endlich in Verworrenheit
Unheilbar sich die Guten und die Besten!
(Er umarmt den Bruder noch einmal und geht ab, von dem zweiten
Chore begleitet.)

Don Manuel und der erste Chor.

Chor. (Cajetan.)

Verwundrungsvoll, o Herr, betracht' ich dich,
Und fast muß ich dich heute ganz verkennen.
Mit karger Rede kaum erwiederst du
Des Bruders Liebesworte, der gutmeinend
Mit offnem Herzen dir entgegen kommt.
Versunken in dich selber stehst du da,
Gleich einem Träumenden, als wäre nur
Dein Leib zugegen, und die Seele fern.
Wer so dich sähe, möchte leicht der Kälte
Dich zeihn und stolz unfreundlichen Gemüths;
Ich aber will dich drum nicht fühllos schelten,
Denn heiter blickst du, wie ein Glücklicher,
Um dich, und Lächeln spielt um deine Wangen.

Don Manuel.

Was soll ich sagen? was erwiedern? Mag
Der Bruder Worte finden! Ihn ergreift
Ein überraschend neu Gefühl; er sieht
Den alten Haß aus seinem Busen schwinden,
Und wundernd fühlt er sein verwandelt Herz.
Ich — habe keinen Haß mehr mitgebracht,
Kaum weiß ich noch, warum wir blutig stritten.
Denn über allen ird'schen Dingen hoch
Schwebt mir auf Freudenfittigen die Seele,
Und in dem Glanzesmeer, das mich umfängt,
Sind alle Wolken mir und finstre Falten
Des Lebens ausgeglättet und verschwunden.
— Ich sehe diese Hallen, diese Säle,
Und denke mir das freudige Erschrecken
Der überraschten, hoch erstaunten Braut,
Wenn ich als Fürstin sie und Herrscherin
Durch dieses Hauses Pforten führen werde.
— Noch liebt sie nur den Liebenden! Dem Fremdling,
Dem Namenlosen hat sie sich gegeben.

les meilleurs finissent par s'engager dans des dissensions confuses et sans remède. (Il embrasse encore une fois son frère et sort accompagné du second chœur.)

DON MANUEL et LE PREMIER CHŒUR.

LE CHŒUR. (GAÉTAN). Seigneur, je te regarde, frappé d'étonnement, et j'ai peine aujourd'hui à te reconnaître. Tu réponds, par d'avares paroles, à grand'peine, au langage ami de ton frère qui vient au-devant de toi, le cœur ouvert et bienveillant. Tu restes là, perdu dans tes pensées, semblable à un homme qui rêve, comme si ton corps seul était ici, et ton âme bien loin. Qui te verrait ainsi, pourrait aisément t'accuser de froideur, d'indifférence orgueilleuse. Mais moi, je ne veux pas pour cela te taxer d'insensibilité, car tu portes autour de toi le regard serein de l'homme heureux, et le sourire se joue sur tes lèvres.

DON MANUEL. Que puis-je dire ? que répondre ? Mon frère, je le conçois, trouve des paroles. Un sentiment tout nouveau le saisit, le surprend ; il sent la vieille haine s'évanouir de son sein, et jouit avec admiration du changement de son cœur. Moi... je n'ai pas apporté de haine en ces lieux, à peine sais-je encore pourquoi nous engagions cette lutte sanglante. Car, sur les ailes de la joie, mon âme plane au-dessus de toutes les choses de la terre ; et dans l'océan de lumière qui m'environne, tous les nuages de la vie se sont évanouis, tout sombre pli s'est effacé... Je contemple ces portiques, ces salles, et je me figure le joyeux saisissement de ma fiancée surprise, stupéfaite, quand je la conduirai, comme princesse et souveraine, par les portes de ce palais... Jusqu'ici, celui qu'elle aime n'est à ses yeux que son amant. C'est à un étranger, à un homme sans nom, qu'elle s'est donnée. Elle

Nicht ahnet sie, daß es Don Manuel,
Messina's Fürst ist, der die goldne Binde
Ihr um die schöne Stirne flechten wird.
Wie süß ist's, das Geliebte zu beglücken
Mit ungehoffter Größe, Glanz und Schein!
Längst spart' ich mir dies höchste der Entzücken,
Wohl bleibt es stets sein höchster Schmuck allein;
Doch auch die Hoheit darf das Schöne schmücken,
Der goldne Reif erhebt den Edelstein.

Chor. (Cajetan.)

Ich höre dich, o Herr, vom langen Schweigen
Zum erstenmal den stummen Mund entsiegeln.
Mit Späheraugen folgt' ich dir schon längst,
Ein seltsam wunderbar Geheimniß ahnend;
Doch nicht erkühnt ich mich, was du vor mir
In tiefes Dunkel hüllst, dir abzufragen.
Dich reizt nicht mehr der Jagden muntre Lust,
Der Rosse Wettlauf und des Falken Sieg.
Aus der Gefährten Aug' verschwindest du,
So oft die Sonne sinkt zum Himmelsrande,
Und Keiner unsers Chors, die wir dich sonst
In jeder Kriegs= und Jagdgefahr begleiten,
Mag deines stillen Pfads Gefährte sein.
Warum verschleierst du bis diesen Tag
Dein Liebesglück mit dieser neid'schen Hülle?
Was zwingt den Mächtigen, daß er verhehle?
Denn Furcht ist fern von deiner großen Seele.

Don Manuel.

Geflügelt ist das Glück und schwer zu binden,
Nur in verschloßner Lade wird's bewahrt.
Das Schweigen ist zum Hüter ihm gesetzt,
Und rasch entfliegt es, wenn Geschwätzigkeit
Voreilig wagt, die Decke zu erheben.
Doch jetzt, dem Ziel so nahe, darf ich wohl
Das lange Schweigen brechen, und ich will's.
Denn mit der nächsten Morgensonne Strahl
Ist sie die Meine, und des Dämons Neid
Wird keine Macht mehr haben über mich.
Nicht mehr verstohlen werd' ich zu ihr schleichen,

ne soupçonne pas que c'est don Manuel, le prince de Messine, qui couronnera son beau front du diadème d'or. Qu'il est doux de rendre heureux ce qu'on aime, par la gloire et l'éclat d'une grandeur inespérée! Depuis longtemps je me ménageais ce ravissement suprême. Sans doute, sa beauté sera toujours sa plus grande parure, mais la majesté ne peut-elle parer encore la beauté? Le cercle d'or rehausse l'éclat du diamant.

LE CHŒUR. (GAÉTAN.) Pour la première fois, seigneur, j'entends ta bouche, jusqu'ici muette, rompre le sceau d'un long silence. Depuis longtemps, je te suivais d'un regard curieux, soupçonnant un rare et merveilleux secret; mais je n'ai osé te demander ce que tu me cachais ainsi dans une profonde obscurité. Les joies ardentes de la chasse n'ont plus d'attrait pour toi, ni les coursiers se disputant le prix dans le cirque, ni les victoires du faucon. Tu disparais aux yeux de tes compagnons, toutes les fois que le soleil descend à l'horizon, et, de tout ce chœur, de nous tous qui toujours te suivons dans tous les dangers de la guerre et de la chasse, nul ne peut accompagner tes pas dans le sentier solitaire. Pourquoi, jusqu'à ce jour, enveloppes-tu de ce voile jaloux ton heureux amour? Qui peut contraindre le puissant à dissimuler? car la crainte est loin de ta grande âme.

DON MANUEL. Le bonheur est ailé et difficile à enchaîner, il ne se garde que sous les verrous. Le silence lui a été donné pour gardien, et il s'envole rapidement, si l'indiscrétion, avant le temps, se hasarde à entr'ouvrir la porte. Mais maintenant que je suis si près du but, je puis bien rompre le long silence et je le veux faire. Car aux prochains rayons du matin elle sera à moi, et la jalousie du destin funeste n'aura plus sur moi nul pouvoir. Je ne me glisserai plus furtivement auprès d'elle, je n'aurai plus

Nicht rauben mehr der Liebe goldne Frucht,
Nicht mehr die Freude haschen auf der Flucht,
Das Morgen wird dem schönen Heute gleichen;
Nicht Blitzen gleich, die schnell vorüber schießen
Und plötzlich von der Nacht verschlungen sind,
Mein Glück wird sein, gleichwie des Baches Fließen,
Gleichwie der Sand des Stundenglases rinnt.

Chor. (Cajetan.)

So nenne sie uns, Herr, die dich im Stillen
Beglückt, daß wir dein Loos beneidend rühmen
Und würdig ehren unsers Fürsten Braut.
Sag' an, wo du sie fandest, wo verbirgst,
In welches Orts verschwieg'ner Heimlichkeit?
Denn wir durchziehen schwärmend weit und breit
Die Insel auf der Jagd verschlungnen Pfaden;
Doch keine Spur hat uns dein Glück verrathen,
So daß ich bald mich überreden möchte,
Es hülle sie ein Zaubernebel ein.

Don Manuel.

Den Zauber lös' ich auf, denn heute noch
Soll, was verborgen war, die Sonne schauen.
Vernehmet denn und hört, wie mir geschah.
Fünf Monde sind's, es herrschte noch im Lande
Des Vaters Macht und beugete gewaltsam
Der Jugend starren Nacken in das Joch —
Nichts kannt' ich als der Waffen wilde Freuden
Und als des Waidwerks kriegerische Lust.
— Wir hatten schon den ganzen Tag gejagt
Entlang des Waldgebirges — da geschah's,
Daß die Verfolgung einer weißen Hindin
Mich weit hinweg aus eurem Haufen riß.
Das scheue Thier floh durch des Thales Krümmen,
Durch Busch und Kluft und bahnenlos Gesträpp,
Auf Wurfes Weite sah ich's stets vor mir,
Doch konnt' ich's nicht erreichen noch erzielen,
Bis es zuletzt an eines Gartens Pforte mir
Verschwand. Schnell von dem Roß herab mich werfend
Dring' ich ihm nach, schon mit dem Speere zielend,
Da seh ich wundernd das erschrockne Thier

à dérober les fruits d'or de l'amour, à saisir la joie au vol. Le
lendemain ressemblera au beau jour de la veille ; mon bonheur
ne sera pas comme des éclairs qui passent d'un trait rapide et
sont soudain dévorés par la nuit : il sera comme le cours du
ruisseau, il coulera comme du verre qui mesure les heures coule
le sable.

LE CHŒUR. (GAÉTAN.) Nomme-nous donc, seigneur, celle à
qui tu dois ce bonheur mystérieux, afin que nous vantions avec
envie ton sort, et que nous honorions dignement la fiancée de
notre prince. Dis-nous où tu l'as trouvée, où tu la caches, quel
lieu lui offre ce secret asile. Car, dans nos courses vagabondes,
nous parcourons l'île en tout sens, par les mille sentiers de la
chasse, mais nul vestige ne nous a trahi ton bonheur, et je suis
tenté, peu s'en faut, de me persuader qu'elle est enveloppée d'un
nuage magique.

DON MANUEL. Je romprai le charme, car je veux qu'aujourd'hui
même le soleil contemple ce qui fut caché. Écoutez donc et apprenez ce qui m'est arrivé. Il y a cinq mois, la puissance de mon
père dominait encore dans cette contrée et courbait violemment
sous le joug la tête opiniâtre de la jeunesse... je ne connaissais
que les joies farouches des armes, et le plaisir guerrier de la
chasse... Déjà nous avions chassé tout le jour au pied des monts
boisés... quand la poursuite d'une biche blanche m'entraîna bien
loin de votre troupe. La bête timide fuyait par les détours de la
vallée, à travers les buissons, les ravins, les halliers non frayés ;
toujours je la voyais devant moi à la distance du trait, mais je
ne pouvais ni l'atteindre, ni la tirer, jusqu'à ce qu'enfin elle
disparut à mes yeux, à la porte d'un jardin. M'élançant soudain
de cheval, je la suis avec ardeur ; déjà je balance mon épieu,
quand je vois l'animal effrayé couché tout tremblant aux pieds

Zu einer Nonne Füßen liegen,
Die es mit zarten Händen schmeichelnd kost.
Bewegungslos starr' ich das Wunder an,
Den Jagdspieß in der Hand, zum Wurf ausholend —
Sie aber blickt mit großen Augen flehend
Mich an. So stehn wir schweigend gegen einander —
Wie lange Frist, das kann ich nicht ermessen,
Denn alles Maß der Zeiten war vergessen.
Tief in die Seele drückt' sie mir den Blick,
Und umgewandelt schnell ist mir das Herz.
— Was ich nun sprach, was die Holdsel'ge mir
Erwiedert, möge Niemand mich befragen,
Denn wie ein Traumbild liegt es hinter mir
Aus früher Kindheit dämmerhellen Tagen,
An meiner Brust fühlt' ich die ihre schlagen,
Als die Besinnungskraft mir wieder kam.
Da hört' ich einer Glocke helles Läuten,
Den Ruf zur Hora schien es zu bedeuten,
Und schnell, wie Geister in die Luft verwehen,
Entschwand sie mir und ward nicht mehr gesehen.

Chor. (Cajetan.)

Mit Furcht, o Herr, erfüllt mich dein Bericht.
Raub hast du an dem Göttlichen begangen,
Des Himmels Braut berührt mit sündigem Verlangen,
Denn furchtbar heilig ist des Klosters Pflicht.

Don Manuel.

Jetzt hatt' ich eine Straße nur zu wandeln,
Das unstet schwanke Sehnen war gebunden,
Dem Leben war sein Inhalt ausgefunden.
Und wie der Pilger sich nach Osten wendet,
Wo ihm die Sonne der Verheißung glänzt,
So lehrte sich mein Hoffen und mein Sehnen
Dem einen hellen Himmelspunkte zu.
Kein Tag entstieg dem Meer und sank hinunter,
Der nicht zwei glücklich Liebende vereinte.
Geflochten still war unsrer Herzen Bund,
Nur der allsehnde Aether über uns
War des verschwieg'nen Glücks vertrauter Zeuge,
Es brauchte weiter keines Menschen Dienst.

d'une religieuse qui, de sa douce main, le flatte et le caresse.
Immobile, stupéfait je contemple cette merveille, l'épieu à la
main, le bras tendu pour le lancer... mais elle me regarde de ses
grands yeux, l'air suppliant. Nous demeurâmes ainsi muets, l'un
en face de l'autre... Combien de temps ? je ne puis l'apprécier,
car j'avais oublié la mesure du temps. Elle m'enfonça son regard
profondément dans l'âme, et soudain mon cœur fut transformé..
Ce que je dis alors, ce que me répondit la ravissante apparition,
ne me le demandez pas, car ce souvenir est loin de moi, comme
un songe des premiers jours de l'enfance, du crépuscule de la
vie. Quand je revins à moi, je sentis son cœur battre contre le
mien. Alors j'entendis le son argentin d'une cloche, il semblait
qu'il appelât à l'heure de la prière, et tout à coup, comme les
esprits s'évanouissent dans les airs, elle disparut à mes yeux, et
je ne la vis plus.

LE CHŒUR. (GAÉTAN.) Ton récit, seigneur, me remplit de crainte.
Tu as fait un larcin à Dieu, touché, avec un désir coupable, la
fiancée du Ciel ; car le devoir du cloître est saint d'une sainteté
terrible.

DON MANUEL. Je n'avais plus désormais qu'un chemin à suivre;
mes désirs inquiets, chancelants, étaient enchaînés ; l'objet de
ma vie était trouvé. Et, comme le pèlerin se tourne vers l'Orient,
où brille pour lui le soleil de la sainte promesse, ainsi mon esprit,
mon ardeur, se dirigeaient vers un seul point lumineux du ciel.
Pas un jour ne s'élevait du sein des flots et ne s'y replongeait,
qui ne réunît deux amants heureux. L'alliance de nos cœurs
s'était formée en silence. Seul, au-dessus de nos têtes, le Ciel,
qui voit tout, était l'intime confident de mon bonheur ignoré ;
nous n'avions besoin, du reste, du service de nul homme. C'étaient

Das waren goldne Stunden, sel'ge Tage!
— Nicht Raub am Himmel war mein Glück, denn noch
Durch kein Gelübde war das Herz gefesselt,
Das sich auf ewig mir zu eigen gab.

Chor. (Cajetan.)

So war das Kloster eine Freistatt nur
Der zarten Jugend, nicht des Lebens Grab?

Don Manuel.

Ein heilig Pfand ward sie dem Gotteshaus
Vertraut, das man zurück einst werde fordern.

Chor. (Cajetan.)

Doch welches Blutes rühmt sie sich zu sein?
Denn nur vom Edeln kann das Edle stammen.

Don Manuel.

Sich selber ein Geheimniß wuchs sie auf,
Nicht kennt sie ihr Geschlecht, noch Vaterland.

Chor. (Cajetan.)

Unbleitet keine dunkle Spur zurück
Zu ihres Daseins unbekannten Quellen?

Don Manuel.

Daß sie von edelm Blut, gesteht der Mann,
Der einz'ge, der um ihre Herkunft weiß.

Chor. (Cajetan.)

Wer ist der Mann? Nichts halte mir zurück,
Denn wissend nur kann ich dir nützlich rathen.

Don Manuel.

Ein alter Diener naht von Zeit zu Zeit,
Der einz'ge Bote zwischen Kind und Mutter.

Chor. (Cajetan.)

Von diesem Alten hast du nichts erforscht?
Feigherzig und geschwätzig ist das Alter.

Don Manuel.

Nie wagt ich's, einer Neugier nachzugeben,
Die mein verschwieg'nes Glück gefährden konnte.

Chor. (Cajetan.)

Was aber war der Inhalt seiner Worte,
Wenn er die Jungfrau zu besuchen kam?

là des heures d'or, des jours bienheureux... Mon bonheur n'était pas un larcin fait au Ciel, car nul vœu n'enchaînait encore ce cœur qui se donnait à moi, comme mon bien, pour toujours.

LE CHŒUR. (GAÉTAN.) Ainsi le cloître n'était que l'asile de sa tendre jeunesse, et non le tombeau de sa vie.

DON MANUEL. Elle était un dépôt sacré, confié à la maison de Dieu, mais qu'on devait réclamer un jour.

LE CHŒUR. (GAÉTAN.) Mais à quel sang se glorifie-t-elle d'appartenir? car un noble cœur ne peut avoir qu'une noble origine.

DON MANUEL. Elle a grandi sans se connaître elle-même. Elle ne sait ni sa race, ni sa patrie.

LE CHŒUR. (GAÉTAN.) Et nulle trace obscure ne peut-elle ramener aux sources inconnues de son être?

DON MANUEL. Elle est d'un noble sang, ainsi le confesse le seul homme qui soit instruit de son origine.

LE CHŒUR. (GAÉTAN.) Quel est cet homme? Ne me cache rien; car, si je ne sais tout, je ne puis te donner d'utiles conseils.

DON MANUEL. Un vieux serviteur se présente de temps en temps, seul messager entre la fille et la mère.

LE CHŒUR. (GAÉTAN.) De ce vieillard tu n'as rien appris? La vieillesse a le cœur timide et se plaît à parler.

DON MANUEL. Jamais je n'ai osé céder à une curiosité qui pouvait compromettre mon bonheur mystérieux.

LE CHŒUR. (GAÉTAN.) Mais quel était le sens de ses discours, quand il venait visiter la jeune fille?

Don Manuel.

Auf eine Zeit, die alles lösen werde,
Hat er von Jahr zu Jahren sie vertröstet.

Chor. (Cajetan.)

Und diese Zeit, die alles lösen soll,
Hat er sie näher deutend nicht bezeichnet?

Don Manuel.

Seit wenig Monden drohete der Greis
Mit einer nahen Aendrung ihres Schicksals.

Chor. (Cajetan.)

Er drohte, sagst du? Also fürchtest du
Ein Licht zu schöpfen, das dich nicht erfreut?

Don Manuel.

Ein jeder Wechsel schreckt den Glücklichen,
Wo kein Gewinn zu hoffen, droht Verlust.

Chor. (Cajetan.)

Doch konnte die Entdeckung, die du fürchtest,
Auch deiner Liebe günst'ge Zeichen bringen.

Don Manuel.

Auch stürzen konnte sie mein Glück; drum wählt' ich
Das Sicherste, ihr schnell zuvor zu kommen.

Chor. (Cajetan.)

Wie das, o Herr? Mit Furcht erfüllst du mich,
Und eine rasche That muß ich besorgen.

Don Manuel.

Schon seit den letzten Monden ließ der Greis
Geheimnißvolle Winke sich entfallen,
Daß nicht mehr ferne sei der Tag, der sie
Den Ihrigen zurücke geben werde.
Seit gestern aber sprach er's deutlich aus,
Daß mit der nächsten Morgensonne Strahl —
Dies aber ist der Tag, der heute leuchtet —
Ihr Schicksal sich entscheidend werde lösen.
Kein Augenblick war zu verlieren, schnell
War mein Entschluß gefaßt und schnell vollstreckt.
In dieser Nacht raubt' ich die Jungfrau weg
Und brachte sie verborgen nach Messina.

Chor. (Cajetan.)

Welch kühn verwegen-räuberische That!

DON MANUEL. Il la consolait, d'année en année, par l'attente d'un jour qui doit tout éclaircir.

LE CHŒUR. (GAÉTAN.) Et ce temps qui doit tout éclaircir, ne l'a-t-il pas désigné par quelque indice plus précis ?

DON MANUEL. Depuis quelques mois, le vieillard la menaçait d'un prochain changement dans sa destinée.

LE CHŒUR. (GAÉTAN.) Il menaçait, dis-tu ? Tu crains donc d'être éclairé d'une lumière qui ne te réjouisse point ?

DON MANUEL. Tout changement effraye celui qui est heureux. Où il n'y a point de gain à espérer, on craint de perdre.

LE CHŒUR. (GAÉTAN.) Mais cette découverte que tu redoutes peut aussi apporter à ton amour des signes favorables.

DON MANUEL. Et de même elle pouvait ruiner mon bonheur. Voilà pourquoi j'ai pris le parti le plus sûr, celui de la prévenir.

LE CHŒUR. (GAÉTAN.) Comment, seigneur ? Tu me remplis de crainte, et malgré moi je tremble que tu n'aies été trop prompt.

DON MANUEL. Déjà dans ces derniers mois le vieillard laissait entrevoir, par des signes mystérieux, que le jour n'était plus loin qui la rendrait aux siens. Mais depuis hier il s'est exprimé clairement, il a dit qu'aux premiers rayons de la matinée prochaine... or c'est le jour qui luit maintenant... son destin se déciderait. Il n'y avait pas un moment à perdre, ma résolution fut bientôt prise et bientôt exécutée. Cette nuit, j'ai enlevé la jeune fille et je l'ai conduite secrètement à Messine.

LE CHŒUR. (GAÉTAN.) Quelle audace ! quel téméraire attentat !...

— Verzeih', o Herr, die freie Tadelrede!
Doch Solches ist des weisern Alters Recht,
Wenn sich die rasche Jugend kühn vergißt.

                    Don Manuel.
Unfern vom Kloster der Barmherzigen,
In eines Gartens abgeschied'ner Stille,
Der von der Neugier nicht betreten wird,
Trennt' ich mich eben jetzt von ihr, hieher
Zu der Versöhnung mit dem Bruder eilend.
In banger Furcht ließ ich sie dort allein
Zurück, die sich nichts weniger erwartet,
Als in dem Glanz der Fürstin eingeholt
Und auf erhabnem Fußgestell des Ruhms
Vor ganz Messina ausgestellt zu werden.
Denn anders nicht soll sie mich wiedersehn,
Als in der Größe Schmuck und Staat und festlich
Von eurem ritterlichen Chor umgeben.
Nicht will ich, daß Don Manuels Verlobte
Als eine Heimathlose, Flüchtige
Der Mutter nahen soll, die ich ihr gebe!
Als eine Fürstin fürstlich will ich sie
Einführen in die Hofburg meiner Väter.

                    Chor. (Cajetan.)
Gebiete, Herr! Wir harren deines Winks.

                    Don Manuel.
Ich habe mich aus ihrem Arm gerissen,
Doch nur mit ihr werd' ich beschäftigt sein.
Denn nach dem Bazar sollt ihr mich anjetzt
Begleiten, wo die Mohren zum Verkauf
Ausstellen, was das Morgenland erzeugt
An edelm Stoff und feinem Kunstgebild.
Erst wählet aus die zierlichen Sandalen,
Der zartgeformten Füße Schutz und Zier;
Dann zum Gewande wählt das Kunstgewebe
Des Indiers, hellglänzend, wie der Schnee
Des Aetna, der der nächste ist dem Licht —
Und leicht umfließ' es, wie der Morgenduft,
Den zarten Bau der jugendlichen Glieder.
Von Purpur sei, mit zarten Fäden Goldes

Pardonne, seigneur, la libre sévérité de mon jugement ; mais
tel est le droit de la vieillesse plus sage, quand la prompte jeunesse s'oublie témérairement.

DON MANUEL. Non loin du couvent des sœurs de la Miséricorde,
dans la paisible solitude d'un jardin, où la curiosité ne pénètre
point, je viens à l'instant de me séparer d'elle, accourant ici pour
me réconcilier avec mon frère. Je l'ai laissée seule en ce lieu,
inquiète et craintive, et ne s'attendant guère qu'on la vienne chercher avec une pompe royale, et qu'on la place, aux yeux de tout
Messine, sur le majestueux piédestal de la gloire. Car elle ne doit
me revoir que dans l'éclat et l'appareil de la grandeur, solennelle-
ment entouré de votre chœur chevaleresque. Je ne veux pas que la
fiancée de don Manuel approche comme une fugitive sans patrie de
la mère que je lui donne. Je veux l'introduire royalement, en princesse, dans le château de mes pères.

LE CHŒUR (GAÉTAN). Ordonne, seigneur! Nous attendons ton
signal.

DON MANUEL. Je me suis arraché de ses bras, mais je ne serai
occupé que d'elle. Car sur-le-champ vous m'accompagnerez au
bazar où les Maures exposent en vente tout ce que l'Orient produit
de nobles étoffes et de créations de l'art le plus exquis. Choisissez
d'abord les sandales élégantes, parure et protection de ses pieds
délicats; puis prenez, pour ses vêtements, ces merveilleux tissus
de l'Indien qui brillent d'une blancheur pareille aux neiges de
l'Etna, les plus voisines de la lumière du ciel, et qu'ils se répandent,
légers comme la vapeur du matin, autour de sa taille de jeune
fille, de son corps gracieux. Qu'elle soit de pourpre, brochée déli-

Durchwirkt, der Gürtel, der die Tunica
Unter dem zücht'gen Busen reizend knüpft.
Dazu den Mantel wählt von glänzender
Seide gewebt, in bleichem Purpur schimmernd,
Ueber der Achsel heft' ihn eine goldne
Cicade — Auch die Spangen nicht vergeßt,
Die schönen Arme reizend zu umzirken,
Auch nicht der Perlen und Korallen Schmuck,
Der Meeresgöttin wunderfame Gaben.
Um die Locken winde sich ein Diadem,
Gefüget aus dem köstlichsten Gestein,
Worin der feurig glühende Rubin
Mit dem Smaragd die Farbenblitze kreuze.
Oben im Haarschmuck sei der lange Schleier
Befestigt, der die glänzende Gestalt
Gleich einem hellen Lichtgewölk, umfließe,
Und mit der Myrte jungfräulichem Kranze
Vollende krönend sich das schöne Ganze.

Chor. (Cajetan.)

Es soll geschehen, Herr, wie du gebietest,
Denn fertig und vollendet findet sich
Dies alles auf dem Bazar ausgestellt.

Don Manuel.

Den schönsten Zelter führet dann hervor
Aus meinen Ställen; seine Farbe sei
Lichtweiß, gleichwie des Sonnengottes Pferde,
Von Purpur sei die Decke und Geschirr
Und Zügel reich besetzt mit edeln Steinen,
Denn tragen soll er meine Königin.
Ihr selber haltet euch bereit, im Glanz
Des Ritterstaates, unterm freud'gen Schall
Der Hörner, eure Fürstin heimzuführen.
Dies Alles zu besorgen, geh' ich jetzt,
Zwei unter euch erwähl' ich zu Begleitern,
Ihr Andern wartet mein — Was ihr vernahmt,
Bewahrt's in eures Busens tiefem Grunde,
Bis ich das Band gelöst von eurem Munde.

(Er geht ab, von Zweien aus dem Chore begleitet.)

catement de fils d'or, la ceinture qui nouera sa tunique avec grâce
au-dessous de son sein pudique. En outre, choisissez le manteau,
tissu d'une soie brillante, qui éclate sous une pâle teinture de
pourpre, et qu'une cigale d'or l'attache sur l'épaule... N'oubliez pas
non plus les bracelets, qui entoureront ses beaux bras de leurs
cercles charmants ; ni la parure des perles et du corail, dons merveilleux de la déesse des mers. Qu'autour des boucles de sa chevelure se torde un diadème, formé des pierres les plus précieuses, où
le rubis aux jets de flamme croise avec l'émeraude ses éclairs
colorés. Que tout en haut, dans sa coiffure, soit fixé le long voile,
qui, pareil à un nuage lumineux, flotte autour de sa taille éblouis-
sante, et que la virginale guirlande de myrte achève et couronne
ce bel ensemble.

LE CHŒUR. (GAÉTAN.) Il sera fait, seigneur, comme tu ordonnes,
car tout ce que tu désires se trouve exposé au bazar, prêt et
achevé.

DON MANUEL. Et alors amenez la plus belle haquenée de mes
écuries ; qu'elle soit blanche, d'un blanc lumineux, comme les
chevaux du dieu du soleil ; que la housse soit de pourpre, le harnais
et la bride richement ornés de pierreries, car elle doit porter ma
reine. Vous-mêmes, tenez-vous prêts à conduire chez moi votre
princesse, dans tout l'éclat de l'appareil chevaleresque, au son
joyeux des fanfares. Je vais de ce pas m'occuper de tous ces apprêts ;
que deux d'entre vous m'accompagnent et que les autres m'attendent... Ce que vous venez d'entendre, gardez-le au fond de vos
cœurs, jusqu'à ce que je rompe le lien de vos lèvres. (Il sort, accompagné de deux hommes du chœur.)

Chor. (Cajetan.)

Sage, was werden wir jetzt beginnen,
Da die Fürsten ruhen vom Streit,
Auszufüllen die Leere der Stunden,
Und die lange unendliche Zeit?
Etwas fürchten und hoffen und sorgen
Muß der Mensch für den kommenden Morgen,
Daß er die Schwere des Daseins ertrage,
Und das ermüdende Gleichmaß der Tage,
Und mit erfrischendem Windesweben
Kräuselnd bewege das stockende Leben.

Einer aus dem Chor. (Manfred.)

Schön ist der Friede! Ein lieblicher Knabe
Liegt er gelagert am ruhigen Bach,
Und die hüpfenden Lämmer grasen
Lustig um ihn auf dem sonnigten Rasen,
Süßes Tönen entlockt er der Flöte,
Und das Echo des Berges wird wach,
Oder im Schimmer der Abendröthe
Wiegt ihn in Schlummer der murmelnde Bach —
Aber der Krieg auch hat seine Ehre,
Der Beweger des Menschengeschicks;
Mir gefällt ein lebendiges Leben,
Mir ein ewiges Schwanken und Schwingen und Schweben
Auf der steigenden, fallenden Welle des Glücks.

Denn der Mensch verkümmert im Frieden,
Müßige Ruh ist das Grab des Muths.
Das Gesetz ist der Freund des Schwachen,
Alles will es nur eben machen,
Möchte gerne die Welt verflachen;
Aber der Krieg läßt die Kraft erscheinen,
Alles erhebt er zum Ungemeinen,
Selber dem Feigen erzeugt er den Muth.

Ein Zweiter. (Berengar.)

Stehen nicht Amors Tempel offen?
Wallet nicht zu dem Schönen die Welt?
Da ist das Fürchten! da ist das Hoffen!
König ist hier, wer den Augen gefällt!
Auch die Liebe bewegt das Leben,

LE CHŒUR. (GAÉTAN.) Dis-moi, qu'allons-nous entreprendre, maintenant que nos princes ont cessé leur querelle, pour remplir le vide des heures et la longueur infinie du temps? Il faut que l'homme ait pour la matinée prochaine une crainte, un espoir, un souci, pour qu'il puisse supporter le poids de l'existence et l'accablante monotonie des jours ; il faut que, par un souffle rafraîchissant, il ride et remue la surface stagnante de la vie.

UN HOMME DU CHŒUR. (MANFRED.) Belle est la paix! Elle ressemble à un jeune enfant qui repose au bord d'un paisible ruisseau, et les agneaux bondissent joyeusement autour de lui, paissant le gazon qu'éclaire le soleil. Il tire de sa flûte de doux sons, et l'écho de la montagne s'éveille, ou bien, aux rouges lueurs du couchant, le ruisseau qui murmure, le berce et l'endort... Mais la guerre a aussi son charme et sa gloire, la guerre qui agite la destinée humaine. Moi, j'aime une vie animée ; j'aime cet éternel mouvement qui vous fait balancer et flotter sur la vague de la fortune, haute et basse tour à tour.

Car l'homme languit dans la paix ; un repos oisif est la tombe du courage. La loi est l'amie du faible, elle ne tend qu'à tout niveler et aplanirait volontiers le monde ; mais la guerre fait paraître la force, elle élève tout à une grandeur non commune, même au lâche elle donne du cœur.

UN SECOND. (BÉRENGER.) Les temples de l'amour ne sont-ils pas ouverts? Le monde ne court-il pas adorer la beauté? Là est la crainte! là l'espoir! Là est roi qui plaît aux yeux. L'amour aussi

Daß sich die graulichten Farben erheben,
Reizend betrügt sie die glücklichen Jahre,
Die gefällige Tochter des Schaums!
In das Gemeine und Traurigwahre
Webt sie die Bilder des goldenen Traums.

Ein Dritter. (Cajetan.)

Bleibe die Blume dem blühenden Lenze,
Scheine das Schöne, und flechte sich Kränze,
Wem die Locken noch jugendlich grünen;
Aber dem männlichen Alter ziemt's,
Einem ernsteren Gott zu dienen.

Erster. (Manfred.)

Der strengen Diana, der Freundin der Jagden,
Lasset uns folgen ins wilde Gehölz,
Wo die Wälder am dunkelsten nachten,
Und den Springbock stürzen vom Fels.
Denn die Jagd ist ein Gleichniß der Schlachten,
Des ernsten Kriegsgotts lustige Braut —
Man ist auf mit dem Morgenstrahl,
Wenn die schmetternden Hörner laden
Lustig hinaus in das dampfende Thal,
Ueber Berge, über Klüfte,
Die ermatteten Glieder zu baden
In den erfrischenden Strömen der Lüfte!

Zweiter. (Berengar.)

Oder wollen wir uns der blauen
Göttin, der ewig bewegten, vertrauen,
Die uns mit freundlicher Spiegelhelle
Labet in ihren unendlichen Schooß?
Bauen wir auf der tanzenden Welle
Uns ein lustig schwimmendes Schloß?
Wer das grüne, krystallene Feld
Pflügt mit des Schiffes eilendem Kiele,
Der vermählt sich das Glück, dem gehört die Welt,
Ohne die Saat erblüht ihm die Ernte!
Denn das Meer ist der Raum der Hoffnung
Und der Zufälle launisch Reich!
Hier wird der Reiche schnell zum Armen,
Und der Aermste dem Fürsten gleich.

agite la vie, il en rehausse les teintes grisâtres. L'aimable fille de l'écume trompe nos belles années par de charmantes illusions, et sur le triste et vulgaire tissu de la réalité elle brode les images des rêves d'or.

UN TROISIÈME. (GAÉTAN.) Laissons la fleur au printemps florissant ! Que la beauté brille, et qu'il se tresse des guirlandes, celui que parent encore les blondes boucles de la jeunesse ; mais à l'âge mûr il convient de servir une divinité plus grave.

LE PREMIER. (MANFRED.) Suivons l'austère Diane, l'amie de la chasse, dans la forêt sauvage, là où la nuit des bois est le plus épaisse, et précipitons le bouquetin du haut du rocher. Car la chasse est une image des combats, la joyeuse fiancée du sévère dieu de la guerre... On est debout dès l'aurore, quand le joyeux fracas des trompes vous appelle dans la vallée au sol fumant, vous invite à franchir les monts, les ravins, à baigner vos membres fatigués dans des flots d'air rafraîchissant.

LE SECOND. (BÉRENGER.) Où voulez-vous vous confier à la déesse azurée qui jamais n'a de repos, et qui, nous offrant son riant miroir, nous attire dans son domaine sans bornes ? Nous construirons-nous sur la vague flottante un château qui nage gaiement ? Celui qui, de la proue rapide de son vaisseau, laboure la verte plaine, le cristal de l'onde, celui-là épouse la fortune, le monde lui appartient ; pour lui, sans qu'il ait semé, la moisson fleurit. Car la mer est le théâtre de l'espérance, l'empire capricieux des hasards. Là le riche devient subitement pauvre, et le plus pauvre l'égal

Wie der Wind mit Gedankenschnelle
Läuft um die ganze Windesrose,
Wechseln hier des Geschickes Loose,
Dreht das Glück seine Kugel um,
Auf den Wellen ist Alles Welle,
Auf dem Meer ist kein Eigenthum.

Dritter. (Cajetan.)

Aber nicht bloß im Wellenreiche,
Auf der wogenden Meeresfluth,
Auch auf der Erde, so fest sie ruht
Auf den ewigen, alten Säulen,
Wanket das Glück und will nicht weilen.
— Sorge gibt mir dieser neue Frieden,
Und nicht fröhlich mag ich ihm vertrauen;
Auf der Lava, die der Berg geschieden,
Möcht' ich nimmer meine Hütte bauen.
Denn zu tief schon hat der Haß gefressen,
Und zu schwere Thaten sind geschehn,
Die sich nie vergeben und vergessen;
Noch hab' ich das Ende nicht gesehn,
Und mich schrecken ahnungsvolle Träume!
Nicht Wahrsagung reden soll mein Mund;
Aber sehr mißfällt mir dies Geheime,
Dieser Ehe segenloser Bund,
Diese lichtscheu krummen Liebespfade,
Dieses Klosterraubs verwegne That;
Denn das Gute liebt sich das Gerade,
Böse Früchte trägt die böse Saat.

(Berengar.)

Auch ein Raub war's wie wir alle wissen,
Der des alten Fürsten ehliches Gemahl
In ein frevelnd Ehebett gerissen,
Denn sie war des Vaters Wahl.
Und der Ahnherr schüttete im Zorne
Grauenvoller Flüche schrecklichen Samen
Auf das sündige Ehebett aus.
Gräuelthaten ohne Namen,
Schwarze Verbrechen verbirgt dies Haus.

du prince. Comme le vent, avec la vitesse de la pensée, fait tout
le tour du compas, ainsi changent ici les lots du destin, ainsi
tourne la roue de la fortune. Sur les flots tout est flot mobile, sur
la mer il n'est point de propriété.

LE TROISIÈME. (GAÉTAN.) Mais ce n'est pas seulement sur l'empire des vagues, sur le sein flottant des mers, c'est sur la terre
aussi, quelque affermie qu'elle soit sur ses antiques et éternelles
colonnes, que la fortune chancelle et ne veut point s'arrêter... Cette
nouvelle paix me donne des soucis et je ne puis m'y fier avec
joie. Sur la lave que le mont a vomie, jamais je ne voudrais bâtir
ma cabane. Car la haine a déjà fait de trop profonds ravages ; il
s'est commis de trop graves attentats, qui jamais ne se pardonnent
ni ne s'oublient. Je n'ai pas encore vu la fin, et les pressentiments
de mes rêves m'épouvantent. Je ne veux pas que ma bouche rende
des oracles, mais ce mystère me déplaît fort, ce lien d'hymen non
consacré, ces tortueux sentiers d'amour qui redoutent la lumière,
cette témérité du rapt dans un cloître ; car le bien suit la voie
droite, et la mauvaise semence produit de mauvais fruits.

(BÉRENGER.) Ce fut aussi un enlèvement, comme nous le savons
tous, qui entraîna dans un lit criminel l'épouse de l'ancien prince,
car le père d'abord l'avait choisie, et, dans sa colère, ce chef de
la race répandit sur le coupable hymen la terrible semence d'affreuses malédictions. Cette maison cache des horreurs sans nom,
de noirs forfaits.

Chor. (Cajetan.)

Ja, es hat nicht gut begonnen,
Glaubt mir, und es endet nicht gut;
Denn gebüßt wird unter der Sonnen
Jede That der verblendeten Wuth.
Es ist kein Zufall und blindes Loos,
Daß die Brüder sich wüthend selbst zerstören;
Denn verflucht ward der Mutter Schooß,
Sie sollte den Haß und den Streit gebären.
— Aber ich will es schweigend verhüllen,
Denn die Rachegötter schaffen im Stillen;
Zeit ist's, die Unfälle zu beweinen,
Wenn sie nahen und wirklich erscheinen.

(Der Chor geht ab.)

Die Scene verwandelt sich in einen Garten, der die Aussicht auf das
Meer eröffnet. Aus einem anstoßenden Garten tritt

Beatrice

(geht unruhig auf und nieder, nach allen Seiten umherspähend. Plötzlich
steht sie still und horcht).

Er ist es nicht — Es war der Winde Spiel,
Die durch der Pinie Wipfel sausend streichen;
Schon neigt die Sonne sich zu ihrem Ziel,
Mit trägem Schritt seh' ich die Stunden schleichen,
Und mich ergreift ein schauderndes Gefühl,
Es schreckt mich selbst das wesenlose Schweigen...
Nichts zeigt sich mir, wie weit die Blicke tragen;
Er läßt mich hier in meiner Angst verzagen.

Und nahe hör' ich wie ein rauschend Wehr,
Die Stadt, die völkerwimmelnde, ertosen;
Ich höre fern das ungeheure Meer
An seine Ufer dumpferbrandend stoßen.
Es stürmen alle Schrecken auf mich her,
Klein fühl' ich mich in diesem Furchtbargroßen,
Und fortgeschleudert, wie das Blatt vom Baume,
Verlier' ich mich im grenzenlosen Raume.

Warum verließ ich meine stille Zelle?
Da lebt ich ohne Sehnsucht, ohne Harm!
Das Herz war ruhig, wie die Wiesenquelle,
An Wünschen leer, doch nicht an Freuden arm.

LE CHOEUR. (GAÉTAN.) Oui, cela n'a pas bien commencé, et, croyez-moi, cela ne finira pas bien ; car, sous le soleil, tous les méfaits de l'aveugle rage s'expient tôt ou tard. Ce n'est point un hasard, ni l'effet d'un sort aveugle, si les deux frères s'acharnent à se détruire : le sein de leur mère a été maudit, elle devait enfanter la haine et la discorde... Mais je veux le cacher et me taire ; car les dieux vengeurs travaillent en silence ; il est temps de déplorer les désastres, quand ils approchent et réellement se montrent. (Le chœur sort.)

La scène se transforme en un jardin, d'où la vue s'étend sur la mer.
D'un pavillon voisin sort Béatrice.

BÉATRICE (elle va et vient avec inquiétude, regardant de tous côtés. Tout à coup, elle s'arrête et écoute). Ce n'est pas lui... C'était le bruit des vents dont le souffle se joue dans la cime du pin. Déjà le soleil s'abaisse vers l'horizon ; je vois les heures qui se traînent d'un pas languissant, et un sentiment d'effroi me saisit. Ce silence même de la solitude m'épouvante. Rien ne se montre à moi, aussi loin que portent mes yeux. Il me laisse ici désespérer dans mon angoisse.

Et près d'ici j'entends, pareil à la cascade d'une digue, le bruit de la ville, où fourmille le peuple ; au loin, j'entends la vaste mer, qui heurte ses rivages et s'y brise avec un sourd murmure. Toutes les terreurs viennent fondre sur moi ; je me sens petite au milieu de cette grandeur effrayante, et, emportée comme la feuille de l'arbre, je me perds dans l'espace sans bornes.

Pourquoi ai-je quitté ma paisible cellule ? Là, je vivais sans désirs inquiets, sans regrets ! Mon cœur était tranquille comme la source de la prairie, vide de souhaits, mais non pauvre de joies.

Ergriffen jetzt hat mich des Lebens Welle,
Mich faßt die Welt in ihren Riesenarm;
Zerrissen hab' ich alle frühern Bande,
Vertrauend eines Schwures leichtem Pfande.
      Wo waren die Sinne?
Was hab' ich gethan?
Ergriff mich bethörend
Ein rasender Wahn?
      Den Schleier zerriß ich
Jungfräulicher Zucht,
Die Pforten durchbrach ich der heiligen Zelle!
Umstrickte mich blendend ein Zauber der Hölle?
Dem Manne folgt' ich,
Dem kühnen Entführer, in sträflicher Flucht.
      O, komm mein Geliebter!
Wo bleibst du und säumest? Befreie, befreie
Die kämpfende Seele! Mich naget die Reue,
Es faßt mich der Schmerz.
Mit liebender Nähe versichre mein Herz.
      Und sollt' ich mich dem Manne nicht ergeben,
Der in der Welt allein sich an mich schloß?
Denn ausgesetzt ward ich ins fremde Leben,
Und frühe schon hat mich ein strenges Loos
(Ich darf den dunkeln Schleier nicht erheben)
Gerissen von dem mütterlichen Schooß.
Nur einmal sah ich sie, die mich geboren,
Doch wie ein Traum ging mir das Bild verloren.
      Und so erwuchs ich still am stillen Orte,
In Lebensgluth den Schatten beigesellt,
— Da stand er plötzlich an des Klosters Pforte,
Schön, wie ein Gott, und männlich, wie ein Held.
O, mein Empfinden nennen keine Worte!
Fremd kam er mir aus einer fremden Welt,
Und schnell, als wär' es ewig so gewesen,
Schloß sich der Bund, den keine Menschen lösen.
      Vergib, du Herrliche, die mich geboren,
Daß ich, vorgreifend den verhängten Stunden,
Mir eigenmächtig mein Geschick erkoren.
Nicht frei erwählt' ich's, es hat mich gefunden;

Maintenant, le flot de la vie m'a entraînée ; le monde me saisit dans ses bras de géant ; j'ai rompu tous mes premiers liens, me fiant au léger gage d'un serment.

Où était ma raison ? Qu'ai-je fait ? Est-ce une illusion, un délire qui m'a saisie, égarée ?

J'ai déchiré le voile de la pudeur virginale ; j'ai forcé les portes de ma sainte cellule. Un charme infernal m'a-t-il donc enlacée pour m'aveugler ? J'ai suivi, dans ma fuite coupable, un homme, un ravisseur audacieux.

Oh ! viens, mon bien-aimé ! Où restes-tu ? Pourquoi tarder ? Délivre, délivre mon âme de sa lutte ! Le repentir me ronge, la douleur s'empare de moi. Par ta présence et ton amour, rassure mon cœur.

Et ne devais-je pas me remettre entre les mains de celui qui, seul au monde, s'est attaché à moi ? Car j'ai été jetée dans la vie comme une étrangère, et, de bonne heure, un destin rigoureux (je n'ose soulever ce sombre voile) m'a arrachée du sein maternel. Une seule fois j'ai vu celle qui m'a enfantée, mais son image s'est évanouie à mes yeux comme un songe.

Ainsi je croissais en silence dans un séjour silencieux, et me voyais, dans l'ardeur de la vie, associée à des ombres... Tout à coup, il paraît à la porte du cloître, beau comme un dieu, viril comme un héros. Oh ! il n'y a point de paroles pour dire ce que j'ai senti. Étranger à moi, il me venait d'un monde étranger ; et à l'instant, comme s'il en eût été toujours ainsi, il s'est formé entre nous une alliance que jamais les hommes ne rompront.

Pardonne-moi, noble mère qui m'a donné le jour, si, prévenant l'heure marquée, j'ai, de mon plein pouvoir, choisi mon sort. Non, je ne l'ai pas choisi librement ! il m'est venu trouver. Le dieu

Einbringt der Gott auch zu verschloss'nen Thoren,
Zu Perseus' Thurm hat er den Weg gefunden,
Dem Dämon ist sein Opfer unverloren.
Wär' es an öde Klippen angebunden
Und an des Atlas himmeltragende Säulen,
So wird ein Flügelroß es dort ereilen.

Nicht hinter mich begehr' ich mehr zu schauen,
In keine Heimath sehn' ich mich zurück;
Der Liebe will ich liebend mich vertrauen,
Gibt es ein schönres als der Liebe Glück?
Mit meinem Loos will ich mich gern bescheiden,
Ich kenne nicht des Lebens andre Freuden.

Nicht kenn' ich sie und will sie nimmer kennen,
Die sich die Stifter meiner Tage nennen!
Wenn sie von dir mich, mein Geliebter, trennen,
Ein ewig Räthsel bleiben will ich mir;
Ich weiß genug, ich lebe dir!

(Aufmerkend.)

Horch, der lieben Stimme Schall!
— Nein, es war der Wiederhall
Und des Meeres dumpfes Brausen,
Das sich an den Ufern bricht,
Der Geliebte ist es nicht!
Weh mir! Weh mir! Wo er weilet!
Mich umschlingt ein kaltes Grausen!
Immer tiefer
Sinkt die Sonne! Immer öder
Wird die Oede! Immer schwerer
Wird das Herz — Wo zögert er?

(Sie geht unruhig umher.)

— Aus des Gartens sichern Mauern
Wag' ich meinen Schritt nicht mehr.
Kalt ergriff mich das Entsetzen,
Als ich in die nahe Kirche
Wagte meinen Fuß zu setzen;
Denn mich trieb's mit mächt'gem Drang
Aus der Seele tiefsten Tiefen,
Als sie zu der Hora riefen,
Hinzuknien an heil'ger Stätte,

pénètre aussi à travers les portes fermées ; il a découvert un chemin pour entrer dans la tour de Persée ; jamais le destin ne perd sa victime. Fût-elle attachée à un écueil désert, aux colonnes d'Atlas, qui portent le ciel, un coursier ailé saura bien l'y atteindre.

Je ne veux plus regarder derrière moi, je n'ai point de foyer à regretter ; je veux, aimant de toute mon âme, me confier à l'amour. Est-il un bonheur plus charmant que celui de l'amour ? Je me contenterai bien volontiers de mon partage, je ne connais pas les autres joies de la vie.

Je ne les connais pas et ne veux jamais les connaître, ceux qui se nomment les auteurs de mes jours, s'ils doivent, mon bien-aimé, me séparer de toi. Je consens à rester pour moi-même une éternelle énigme ; j'en sais assez, je vis pour toi ! (Devenant attentive.) Écoute ! le son de sa voix chérie !... Non, c'était l'écho et le bruit sourd de la mer qui se brise sur le rivage ; ce n'est pas le bien-aimé ! Malheur à moi ! malheur à moi ! Où reste-t-il ? Un frisson glacé me saisit. Le soleil s'abaisse de plus en plus ; la solitude devient toujours plus déserte, et mon cœur à chaque instant plus lourd... Où s'arrête-t-il ? (Elle va çà et là avec inquiétude.)

Je ne risquerai plus mes pas hors de la sûre enceinte du jardin. Une froide horreur s'est emparée de moi quand j'ai osé franchir le seuil de l'église prochaine. C'est qu'au plus profond de mon âme, lorsqu'on appelait pour l'heure de la prière, une force puissante me poussa à m'agenouiller dans le lieu saint, à invoquer la

Zu der Göttlichen zu flehn,
Nimmer konnt' ich widerstehn.
Wenn ein Lauscher mich erspähte?
Voll von Feinden ist die Welt,
Arglist hat auf allen Pfaden,
Fromme Unschuld zu verrathen,
Ihr betrüglich Netz gestellt.
Grauend hab' ich's schon erfahren
Als ich aus des Klosters Hut
In die fremden Menschenschaaren
Mich gewagt mit frevelm Muth.
Dort, bei jenes Festes Feier,
Da der Fürst begraben ward,
Mein Erkühnen büßt' ich theuer,
Nur ein Gott hat mich bewahrt —
Da der Jüngling mir, der fremde,
Nahte, mit dem Flammenauge,
Und mit Blicken, die mich schreckten,
Mir das Innerste durchzuckten,
In das tiefste Herz mir schaute —
Noch durchschauert kaltes Grauen,
Da ich's denke, mir die Brust!
Nimmer, nimmer kann ich schauen
In die Augen des Geliebten,
Dieser stillen Schuld bewußt!

(Aufhorchend.)

Stimmen im Garten!
Er ist's, der Geliebte!
Er selber! Jetzt täuschte
Kein Blendwerk mein Ohr.
Es naht, es vermehrt sich!
In seine Arme!
An seine Brust!

(Sie eilt mit ausgebreiteten Armen nach der Tiefe des Gartens, Don
Cesar tritt ihr entgegen.)

Don Cesar. Beatrice. Der Chor.

Beatrice (mit Schrecken zurückfliehend).

Weh mir! Was seh' ich!

(In demselben Augenblick tritt auch der Chor ein.)

divine mère. Je n'ai pu résister... Si un espion me guettait? Le monde est plein d'ennemis. La ruse, pour trahir la pieuse innocence, a tendu sur tous les sentiers ses filets trompeurs. Déjà je l'ai éprouvé en frémissant, lorsque, échappée à la sainte garde du cloître, je me suis hasardée, avec une coupable audace, parmi une foule étrangère. Là (c'était au jour solennel de la sépulture du prince), je payai cher ma témérité, Dieu seul m'a préservée... quand ce jeune homme, cet étranger aux yeux de flamme s'approcha de moi, et, avec des regards qui m'effrayaient, qui, comme des éclairs, traversaient tout mon être, pénétra jusqu'au fond de mon cœur... Un frisson d'horreur, quand j'y pense, glace encore ma poitrine ! Jamais, jamais, avec le remords de cette faute ignorée, je ne pourrai regarder dans les yeux de mon bien-aimé. (Elle écoute.)

Des voix dans le jardin ! C'est lui, le bien-aimé ! Lui-même ! Cette fois, ce n'est pas une illusion qui trompe mon oreille. Le bruit approche, augmente ! Dans ses bras ! sur son cœur ! (Elle court, les bras ouverts, vers le fond du jardin. Don César vient au-devant d'elle.)

DON CÉSAR, BÉATRICE, LE CHŒUR.

BÉATRICE (reculant avec effroi). Malheur à moi ! Que vois-je ! (Au même instant le chœur entre aussi.)

Don Cesar.
Holde Schönheit, fürchte nichts!
(Zu dem Chor.)

Der rauhe Anblick eurer Waffen schreckt
Die zarte Jungfrau — Weicht zurück und bleibt
In ehrerbiet'ger Ferne!

(Zu Beatricen.)
Fürchte nichts!

Die holde Scham, die Schönheit ist mir heilig.

(Der Chor hat sich zurückgezogen. Er tritt ihr näher und ergreift
ihre Hand.)

Wo warst du? Welches Gottes Macht entrückte,
Verbarg dich diese lange Zeit? Dich hab' ich
Gesucht, nach dir geforschet; wachend, träumend
Warst du des Herzens einziges Gefühl,
Seit ich bei jenem Leichenfest des Fürsten,
Wie eines Engels Lichterscheinung, dich
Zum erstenmal erblickte — Nicht verborgen
Blieb dir die Macht, mit der du mich bezwangst.
Der Blicke Feuer und der Lippe Stammeln,
Die Hand, die in der deinen zitternd lag,
Verrieth sie dir — ein kühneres Geständniß
Verbot des Ortes ernste Majestät.
— Der Messe Hochamt rief mich zum Gebet,
Und, da ich von den Knieen jetzt erstanden,
Die ersten Blicke schnell auf dich sich heften,
Warst du aus meinen Augen weggerückt;
Doch nachgezogen mit allmächt'gen Zauberbanden
Hast du mein Herz mit allen seinen Kräften.
Seit diesem Tage such' ich rastlos dich
An aller Kirchen und Paläste Pforten;
An allen offnen und verborgnen Orten,
Wo sich die schöne Unschuld zeigen kann,
Hab' ich das Netz der Späher ausgebreitet;
Doch meiner Mühe sah ich keine Frucht,
Bis endlich heut, von einem Gott geleitet,
Des Spähers glückbekrönte Wachsamkeit
In dieser nächsten Kirche dich entdeckte.

(Hier macht Beatrice, welche in dieser ganzen Zeit zitternd und abgewandt
gestanden, eine Bewegung des Schreckens.)

DON CÉSAR. Charmante beauté, ne crains rien ! (Au chœur.) Le
dur aspect de vos armes effraye la tendre enfant... Reculez et
demeurez dans un respectueux éloignement ! (A Béatrice.) Ne crains
rien ! l'aimable pudeur et la beauté me sont sacrées. (Le chœur
s'est retiré, Don César s'approche d'elle et prend sa main.) Où étais-tu ?
Quel est le dieu dont le pouvoir t'a dérobée et cachée si longtemps ?
Je t'ai cherchée, j'ai mis tout en œuvre pour te découvrir ; dans
mes veilles et dans mes rêves, tu étais l'unique sentiment de
mon cœur, depuis qu'aux funérailles du prince je t'ai aperçue
pour la première fois, pareille à l'apparition d'un ange de lumière...
Ce pouvoir par lequel tu m'as dompté n'a pas été un secret pour
toi. Le feu de mes regards, le bégaiement de mes lèvres, ma
main qui tremblait dans la tienne, t'ont révélé ton empire... l'austère majesté du lieu interdisait un aveu plus hardi.... Le moment
solennel de la consécration m'appela à la prière, je pliai les
genoux, et quand je me relevai, quand mon premier regard se
tourna vers toi, tu avais disparu à mes yeux ; mais, par la magie
d'un lien tout-puissant, tu avais entraîné à ta suite toutes les
forces de mon cœur. Depuis ce jour, je te cherche sans relâche,
aux portes de toutes les églises et de tous les palais ; dans tous
les lieux publics et secrets où peut se montrer l'aimable innocence, j'ai tendu les filets de mes émissaires ; mais j'ai vu toutes
mes peines demeurer sans fruit, jusqu'à ce qu'enfin aujourd'hui,
guidée par un dieu, l'heureuse vigilance de mon explorateur t'a
découverte dans l'église voisine. (A ce moment, Béatrice, qui, pendant
tout ce temps, était demeurée tremblante et détournait la tête, fait un signe

Ich habe dich wieder, und der Geist verlasse
Eher die Glieder, eh' ich von dir scheide!
Und daß ich fest zugleich den Zufall fasse
Und mich verwahre vor des Dämons Neide,
So red' ich dich vor diesen Zeugen allen
Als meine Gattin an und reiche dir
Zum Pfande deß die ritterliche Rechte.

(Er stellt sie dem Chor dar.)

Nicht forschen will ich, wer du bist — Ich will
Nur dich von dir, nichts frag' ich nach dem Andern.
Daß deine Seele wie dein Ursprung rein,
Hat mir dein erster Blick verbürget und beschworen,
Und wärst du selbst die Niedrigste geboren,
Du müßtest dennoch meine Liebe sein,
Die Freiheit hab' ich und die Wahl verloren.
    Und daß du wissen mögest, ob ich auch
Herr meiner Thaten sei und hoch genug
Gestellt auf dieser Welt, auch das Geliebte
Mit starkem Arm zu mir emporzuheben,
Bedarf's nur, meinen Namen dir zu nennen.
— Ich bin Don Cesar, und in dieser Stadt
Messina ist kein Größrer über mir.

(Beatrice schaudert zurück; er bemerkt es und fährt nach einer kleinen
Weile fort.)

Dein Staunen lob' ich und dein sittsam Schweigen,
Schamhafte Demuth ist der Reize Krone,
Denn ein Verborgenes ist sich das Schöne,
Und es erschrickt vor seiner eignen Macht.
— Ich geh' und überlasse dich dir selbst,
Daß sich dein Geist von seinem Schrecken löse,
Denn jedes Neue, auch das Glück, erschreckt.

(Zu dem Chor.)

Gebt ihr — sie ist's von diesem Augenblick —
Die Ehre meiner Braut und eurer Fürstin!
Belehret sie von ihres Standes Größe.
Bald kehr' ich selbst zurück, sie heimzuführen,
Wie's meiner würdig ist und ihr gebührt.

(Er geht ab.)

d'effroi.) Je t'ai retrouvée, et que mon âme abandonne mon corps, avant que je me sépare de toi ! Et pour saisir aussitôt et enchaîner le hasard, pour me préserver de l'envie du destin, je m'adresse à toi, comme à mon épouse, devant tous ces témoins, et je te tends, pour gage, ma main de chevalier. (Il présente Béatrice au chœur.)

Je ne veux pas rechercher qui tu es... Je ne veux de toi que toi-même, et n'ai nul souci du reste. Que ton âme est pure, comme aussi ton origine, ton premier regard me l'a garanti et attesté; et, quand tu serais par la naissance la plus humble entre toutes, il faudrait pourtant que tu fusses mon amour, j'ai perdu la liberté du choix.

Et pour que tu saches si, moi aussi, je suis maître de mes actions et placé assez haut dans ce monde pour élever jusqu'à moi, d'un bras puissant, ce que j'aime, je n'ai besoin que de te dire mon nom... Je suis don César, et dans cette ville nul n'est au-dessus de moi. (Béatrice recule en frémissant. Il le remarque et continue après une courte pause.) Je loue ton étonnement et ton modeste silence : l'humble pudeur est la couronne des attraits, car la beauté s'ignore elle-même, et s'effraye de sa propre puissance... Je m'éloigne et t'abandonne à toi-même, pour que ton esprit se dégage de sa frayeur; car toute nouveauté soudaine, même le bonheur, épouvante. (Au chœur.) Rendez-lui les honneurs dus à mon épouse et à votre princesse : elle l'est dès ce moment ! Instruisez-la de la grandeur de son sort. Bientôt je reviendrai moi-même, pour la conduire dans ma demeure, d'une façon digne de moi et comme il lui convient. (Il se retire.)

Beatrice und der Chor.

Chor. (Bohemund.)

Heil dir, o Jungfrau,
Liebliche Herrscherin!
Dein ist die Krone,
Dein ist der Sieg!
    Als die Erhalterin
Dieses Geschlechtes,
Künftiger Helden
Blühende Mutter begrüß' ich dich!

(Roger.)

    Dreifaches Heil dir!
Mit glücklichen Zeichen
Glückliche, trittst du
In ein götterbegünstigtes, glückliches Haus,
Wo die Kränze des Ruhmes hängen,
Und das goldne Scepter in stetiger Reihe
Wandert vom Ahnherrn zum Enkel hinab.

(Bohemund.)

    Deines lieblichen Eintritts
Werden sich freuen
Die Penaten des Hauses,
Die hohen, die ernsten,
Verehrten Alten.
An der Schwelle empfangen
Wird dich die immer blühende Hebe
Und die goldne Victoria,
Die geflügelte Göttin,
Die auf der Hand schwebt des ewigen Vaters,
Ewig die Schwingen zum Siege gespannt.

(Roger.)

    Nimmer entweicht
Die Krone der Schönheit
Aus diesem Geschlechte;
Scheidend reicht
Eine Fürstin der andern
Den Gürtel der Anmuth
Und den Schleier der züchtigen Scham.

BÉATRICE et LE CHŒUR.

LE CHŒUR. (BOHÉMOND.) Salut à toi, jeune fille, aimable souveraine ! A toi est la couronne, à toi la victoire !

Je te salue, comme destinée à perpétuer cette race, comme la mère florissante des héros futurs.

(ROGER.) Trois fois salut à toi ! Sous d'heureux auspices, tu entres, heureuse toi-même, dans une maison heureuse, que les dieux favorisent, où sont appendues les couronnes de la gloire, où le sceptre d'or, par une constante succession, passe de l'aïeul à ses neveux.

(BOHÉMOND.) Ton aimable entrée va réjouir les pénates de la maison, ces graves et antiques génies, augustes et vénérés. Sur le seuil te recevra Hébé, toujours florissante, et la Victoire d'or, la déesse ailée, qui plane sur la main du Dieu suprême, les ailes toujours tendues pour voler au triomphe.

(ROGER.) Jamais la couronne de la beauté ne sort de cette race. Une princesse, en quittant la terre, transmet à celle qui la suit la ceinture des Grâces et le voile de la modeste pudeur. Mais à mes

Aber das Schönste
Erlebt mein Auge
Denn ich sehe die Blume der Tochter,
Ehe die Blume der Mutter verblüht.

Beatrice (aus ihrem Schrecken erwachend).

Wehe mir! In welche Hand
Hat das Unglück mich gegeben!
Unter Allen,
Welche leben,
Nicht in diese sollt' ich fallen!
Jetzt versteh' ich das Entsetzen,
Das geheimnißvolle Grauen,
Das mich schaudernd stets gefaßt,
Wenn man mir den Namen nannte
Dieses furchtbaren Geschlechts,
Das sich selbst vertilgend haßt,
Gegen seine eignen Glieder
Wüthend mit Erbittrung rast!
Schaudernd hört' ich oft und wieder
Von dem Schlangenhaß der Brüder,
Und jetzt reißt mein Schreckenschicksal
Mich, die Arme, Rettungslose,
In den Strudel dieses Hasses,
Dieses Unglücks mich hinein.

(Sie flieht in den Gartensaal.

Chor. (Bohemund.)

Den begünstigten Sohn der Götter beneid' ich,
Den beglückten Besitzer der Macht!
Immer das Köstlichste ist sein Antheil,
Und von Allem, was hoch und herrlich
Von den Sterblichen wird gepriesen,
Bricht er die Blume sich ab.

(Roger.)

Von den Perlen, welche der tauchende Fischer
Auffängt, wählt er die reinsten für sich.
Für den Herrscher legt man zurück das Beste,
Was gewonnen ward mit gemeinsamer Arbeit,
Wenn sich die Diener durch's Loos vergleichen,
Ihm ist das Schönste gewiß.

yeux est réservé le plus beau spectacle : je vois la fille dans sa fleur, avant que la mère ait cessé de fleurir.

BÉATRICE (s'éveillant de sa terreur). Malheur à moi ! A quelles mains le malheur m'a livrée ! Parmi tout ce qui vit, dans celles-là surtout je ne devais pas tomber !

Maintenant je comprends l'horreur, le frisson mystérieux qui toujours me faisait tressaillir, quand on me nommait le nom de cette race terrible qui se hait elle-même d'une haine meurtrière, et s'acharne avec fureur contre ses propres membres. Souvent, avec épouvante, j'ai entendu parler des deux frères, et de leur haine de serpents, et maintenant mon sort affreux m'entraîne, pauvre victime sans espoir de salut, dans le tourbillon de cette haine, de ce malheur. (Elle s'enfuit dans le pavillon du jardin.)

LE CHŒUR. (BOHÉMOND.) Je porte envie au fils privilégié des dieux, au possesseur fortuné du pouvoir. Ce qui a le plus de prix est toujours son partage, et de tout ce que les mortels louent comme magnifique et sublime, il cueille pour lui la fleur.

(ROGER.) Des perles que le pêcheur recueille en plongeant au fond des mers, il choisit la plus pure. Pour le souverain on réserve ce qu'il y a de mieux dans les fruits du travail commun ; pendant que les serviteurs se font leurs parts au moyen du sort, la plus belle lui est assurée.

(Bohemund.)

Aber e i n e s doch ist sein köstlichstes Kleinob —
Jeder andre Vorzug sei ihm gegönnt,
Dieses beneid' ich ihm unter Allem —
Daß er heimführt die Blume der Frauen,
Die das Entzücken ist aller Augen,
Daß er sie eigen besitzt.

(Roger.)

Mit dem Schwerte springt der Corsar an die Küste
In dem nächtlich ergreifenden Ueberfall;
Männer führt er davon und Frauen
Und ersättigt die wilde Begierde.
Nur die schönste Gestalt darf er nicht berühren,
Die ist des Königes Gut.

(Bohemund.)

Aber jetzt folgt mir, zu bewachen den Eingang
Und die Schwelle des heiligen Raums,
Daß kein Ungeweihter in dieses Geheimniß
Dringe, und der Herrscher uns lobe,
Der das Köstlichste, was er besitzet,
Unsrer Bewahrung vertraut.

(Der Chor entfernt sich nach dem Hintergrunde.)

Die Scene verwandelt sich in ein Zimmer im Innern des Palastes.
Donna Isabella steht zwischen Don Manuel und Don Cesar.

Isabella.

Nun endlich ist mir der erwünschte Tag,
Der langersehnte, festliche erschienen —
Vereint seh' ich die Herzen meiner Kinder,
Wie ich die Hände leicht zusammenfüge,
Und im vertrauten Kreis zum erstenmal
Kann sich das Herz der Mutter freudig öffnen.
Fern ist der fremden Zeugen rohe Schaar,
Die zwischen uns sich kampfgerüstet stellte —
Der Waffen Klang erschreckt mein Ohr nicht mehr,
Und wie der Eulen nachtgewohnte Brut
Von der zerstörten Brandstatt, wo sie lang
Mit altverjährtem Eigenthum genistet,
Auffliegt in düsterm Schwarm, den Tag verdunkelnd,
Wenn sich die lang vertriebenen Bewohner

(BOHÉMOND.) Mais il est un bien unique, son plus précieux
joyau, laissons-lui de bon cœur ses autres avantages! celui-là,
je le lui envie entre tous... C'est de conduire chez lui comme
épouse la fleur des femmes, de posséder en propre celle qui
charme les yeux de tous.

(ROGER.) Le corsaire, le glaive à la main, s'élance sur le rivage ;
dans sa nocturne et soudaine attaque,' il emmène les hommes et
les femmes, et contente son farouche désir. La plus belle seule,
il n'ose y toucher ; elle est le bien du roi.

(BOHÉMOND.) Mais maintenant suivez-moi, pour garder l'entrée
et le seuil de ce saint lieu, afin que nul profane ne pénètre dans
ce mystère, et que le maître nous loue, lui qui confie à notre
garde ce qu'il possède de plus précieux. (Le chœur se retire vers le
fond du théâtre.)

La scène change et représente une salle dans l'intérieur du palais.

DONA ISABELLA, debout entre DON MANUEL et DON CÉSAR.

ISABELL . Il luit enfin pour moi ce jour solennel, si ardemment désiré, si longtemps attendu.... Je vois unis les cœurs de
mes enfants, comme, sans peine, je joins leurs mains, et pour la
première fois, dans ce cercle intime, le cœur de la joyeuse mère
peut s'ouvrir. Loin de nous est la troupe farouche des témoins
étrangers, qui se plaçait entre nous, armée pour le combat... Le
bruit des armes n'effraye plus mon oreille, et comme la couvée
des hiboux, habituée à la nuit, s'envole des ruines de l'incendie,
où ils nichèrent de longues années, tranquilles possesseurs...
comme ils s'enfuient, obscurcissant le jour de leur sombre essaim,
quand les habitants, longtemps exilés, reviennent enfin et ap-

Heimkehrend nahen mit der Freude Schall,
Den neuen Bau lebendig zu beginnen:
So flieht der alte Haß mit seinem nächtlichen
Gefolge, dem hohläugigen Verdacht,
Der scheelen Mißgunst und dem bleichen Neide,
Aus diesen Thoren murrend zu der Hölle,
Und mit dem Frieden zieht geselliges
Vertraun und holde Eintracht lächelnd ein.

(Sie hält inne.)

— Doch nicht genug, daß dieser heut'ge Tag
Jedem von beiden einen Bruder schenkt,
Auch eine Schwester hat er euch geboren.
— Ihr staunt? Ihr seht mich mit Verwundrung an?
Ja, meine Söhne, es ist Zeit, daß ich
Mein Schweigen breche und das Siegel löse
Von einem lang verschlossenen Geheimniß.
— Auch eine Tochter hab' ich eurem Vater
Geboren — eine jüngre Schwester lebt
Euch noch — Ihr sollt noch heute sie umarmen.

Don Cesar.

Was sagst du, Mutter? Eine Schwester lebt uns,
Und nie vernahmen wir von dieser Schwester!

Don Manuel.

Wohl hörten wir in früher Kinderzeit,
Daß eine Schwester uns geboren worden;
Doch in der Wiege schon, so ging die Sage,
Nahm sie der Tod hinweg.

Isabella.

Die Sage lügt!

Sie lebt!

Don Cesar.

Sie lebt und du verschwiegest uns?

Isabella.

Von meinem Schweigen geb' ich Rechenschaft.
Hört, was gesäet ward in früher Zeit
Und jetzt zur frohen Ernte reifen soll.
— Ihr wart noch zarte Knaben, aber schon
Entzweite euch der jammervolle Zwist,
Der ewig nie mehr wiederkehren möge,

prochent, avec des cris de joie, pour entreprendre avec ardeur
la nouvelle construction : ainsi la vieille haine, avec son téné-
breux cortège, le soupçon aux yeux creux, la louche jalousie et
la pâle envie, s'enfuit, en grondant, de notre seuil dans l'enfer,
et avec la paix rentrent, souriantes, l'intime confiance et l'aimable
concorde. (Elle s'arrête...) Mais ce n'est pas assez que ce jour vous
donne à chacun un frère, il vous a aussi enfanté une sœur...
Vous êtes étonnés? Vous me regardez avec surprise? Oui, mes
fils! Il est temps que je rompe le silence et que je brise le sceau
d'un secret longtemps caché.... J'ai aussi donné une fille à votre
père... vous avez encore une sœur plus jeune que vous.... Je veux
qu'aujourd'hui même vous l'embrassiez.

DON CÉSAR. Que dis-tu, ma mère? Nous avons une sœur, et
jamais nous n'avons entendu parler de cette sœur !

DON MANUEL. Nous avons appris, il est vrai, dans notre première
enfance, qu'il nous était né une sœur; mais la mort, tel était le
commun récit, l'avait enlevée, encore au berceau.

ISABELLA. Le commun récit ment. Elle vit!

DON CÉSAR. Elle vit, et tu nous l'as caché?

ISABELLA. Je vous rendrai compte de mon silence. Apprenez
quelle semence fut jetée dans les premiers ans, et quelle heureuse récolte doit mûrir maintenant..... Vous étiez encore de
tendres enfants, mais déjà vous divisait une lamentable discorde
(puisse-t-elle ne revenir jamais!) qui accablait de chagrin le

Und häufte Gram auf eurer Eltern Herz.
Da wurde eurem Vater eines Tages
Ein seltsam wunderbarer Traum. Ihm däuchte,
Er säh' aus seinem hochzeitlichen Bette
Zwei Lorbeerbäume wachsen, ihr Gezweig
Dicht in einander flechtend — zwischen beiden
Wuchs eine Lilie empor — Sie ward
Zur Flamme, die, der Bäume dicht Gezweig
Und das Gebälk ergreifend, prasselnd aufschlug
Und, um sich wüthend, schnell, das ganze Haus
In ungeheurer Feuerfluth verschlang.

Erschreckt von diesem seltsamen Gesichte,
Befragte der Vater einen sternekundigen
Arabier, der sein Orakel war,
An dem sein Herz mehr hing, als mir gefiel,
Um die Bedeutung. Der Arabier
Erklärte: wenn mein Schooß von einer Tochter
Entbunden würde, tödten würde sie ihm
Die beiden Söhne, und sein ganzer Stamm
Durch sie vergehn — Und ich ward Mutter einer Tochter;
Der Vater aber gab den grausamen
Befehl, die Neugeborene alsbald
Ins Meer zu werfen. Ich vereitelte
Den blut'gen Vorsatz und erhielt die Tochter
Durch eines treuen Knechts verschwiegnen Dienst.

Don Cesar.
Gesegnet sei er, der dir hilfreich war!
O, nicht an Rath gebricht's der Mutterliebe!

Isabella.
Der Mutterliebe mächt'ge Stimme nicht
Allein mich trieb, das Kindlein zu verschonen.
Auch mir ward eines Traumes seltsames
Orakel, als mein Schooß mit dieser Tochter
Gesegnet war. Ein Kind wie Liebesgötter schön,
Sah ich im Grase spielen, und ein Löwe
Kam aus dem Wald, der in dem blut'gen Rachen
Die frisch gejagte Beute trug, und ließ
Sie schmeichelnd in den Schooß des Kindes fallen.
Und aus den Lüften schwang ein Adler sich

cœur de vos parents. Et ce temps-là, votre père eut un songe étrange et surprenant. Il lui sembla qu'il voyait s'élever de sa couche nuptiale deux lauriers qui entrelaçaient étroitement leurs rameaux.... Entre les deux croissait un lis.... Ce lit devint une flamme, qui, éclatant avec bruit, saisit l'épais branchage des arbres et la charpente du palais, et étendant sa fureur en tous sens, dévora rapidement la maison dans un affreux embrasement.

Effrayé de cette vision étrange, votre père en demanda le sens à un astrologue arabe, qui était son oracle, et à qui son cœur était attaché plus que je n'eusse voulu. L'Arabe déclara que si mon sein donnait le jour à une fille, elle lui tuerait ses deux fils, et que toute sa race périrait par elle.... Et je devins mère d'une fille; mais votre père donna l'ordre cruel de jeter aussitôt à la mer l'enfant nouveau-née. Je déjouai ce dessein sanglant, et je sauvai ma fille par le ministère discret d'un serviteur fidèle.

DON CÉSAR. Béni soit celui qui te fut secourable! Oh! l'amour maternel n'est jamais pris au dépourvu!

ISABELLA. La voix puissante de l'amour maternel ne me poussa pas seule à épargner la faible enfant. A moi aussi, un oracle étrange me fut rendu en songe, pendant que mon sein portait cette fille. Je vis un enfant, beau comme les dieux d'amour, jouer dans le gazon, et de la forêt il sortit un lion, qui emportait dans sa gueule sanglante la proie qu'il venait de saisir et la laissa tomber, d'un air caressant, au giron de l'enfant. Et du haut des airs un aigle

Herab, ein zitternd Reh in seinen Fängen,
Und legt' es schmeichelnd in den Schooß des Kindes,
Und Beide, Löw' und Adler, legten, fromm
Gepaart, sich zu des Kindes Füßen nieder.
— Des Traums Verständniß löste mir ein Mönch,
Ein gottgeliebter Mann, bei dem das Herz
Rath fand und Trost in jeder ird'schen Noth.
Der sprach: „Genesen würd' ich einer Tochter,
„Die mir der Söhne streitende Gemüther
„In heißer Liebesgluth vereinen würde."
— Im Innersten bewahrt' ich mir dies Wort;
Dem Gott der Wahrheit mehr als dem der Lüge
Vertrauend, rettet' ich die Gottverheißne,
Des Segens Tochter, meiner Hoffnung Pfand,
Die mir des Friedens Werkzeug sollte sein,
Als euer Haß sich wachsend stets vermehrte.

Don Manuel
(seinen Bruder umarmend.)

Nicht mehr der Schwester braucht's, der Liebe Band
Zu flechten, aber fester soll sie's knüpfen.

Isabella.

So ließ ich an verborgner Stätte sie,
Von meinen Augen fern, geheimnißvoll
Durch fremde Hand erziehn — den Anblick selbst
Des lieben Angesichts, den heißerflehten,
Versagt' ich mir, den strengen Vater scheuend,
Der, von des Argwohns ruheloser Pein
Und finster grübelndem Verdacht genagt,
Auf allen Schritten mir die Späher pflanzte.

Don Cesar.

Drei Monde aber deckt den Vater schon
Das stille Grab — Was wehrte dir, o Mutter,
Die lang Verborgne an das Licht hervor
Zu ziehn und unsre Herzen zu erfreuen?

Isabella.

Was sonst, als euer unglücksel'ger Streit,
Der, unauslöschlich wüthend, auf dem Grab
Des kaum entseelten Vaters sich entflammte,
Nicht Raum noch Stätte der Versöhnung gab?

s'abattit, tenant dans ses serres un chevreuil tremblant, et il le déposa, d'un air caressant, au giron de l'enfant. Et tous deux, le lion et l'aigle, se couchèrent, comme un paisible couple, aux pieds de l'enfant.... Le sens de ce songe me fut dévoilé par un moine, un homme aimé de Dieu, auprès de qui le cœur trouvait conseil et consolation dans toutes les peines d'ici-bas. Il me dit que j'enfanterais une fille qui unirait dans une vive ardeur d'amour les cœurs désunis de mes fils.... Je gardai cette parole dans mon âme. Me fiant plus au Dieu de vérité qu'au dieu de mensonge, je sauvai cette enfant de divine promesse, cette fille de bénédiction, gage de mon espoir, qui devait être pour moi l'instrument de paix, quand votre haine croissait sans cesse et grandissait.

DON MANUEL (embrassant son frère). Il n'est plus besoin d'une sœur pour former entre nous un lien d'amour, mais elle le serrera plus étroitement.

ISABELLA. Je la fis donc élever, loin de mes yeux, mystérieusement, par des mains étrangères, dans une retraite cachée.... Je m'interdis même la vue, ardemment désirée, de ses traits chéris, craignant la sévérité de son père, qui, rongé par les soucis d'une méfiance sans repos et par le soupçon aux sombres recherches, plaçait des espions sur tous mes pas.

DON CÉSAR. Mais, depuis trois mois déjà, la tombe silencieuse couvre notre père.... Qui t'empêchait, ma mère, de faire paraître au jour la sœur si longtemps cachée, et de réjouir nos cœurs?

ISABELLA. Quoi, sinon votre malheureuse querelle, qui, dans sa rage inextinguible, éclata sur la tombe de votre père, à peine privé de vie, et n'offrait ni moyen ni espoir de réconciliation?

Konnt' ich die Schwester zwischen eure wild
Entblößten Schwerter stellen? Konntet ihr
In diesem Sturm die Mutterstimme hören?
Und sollt' ich sie, des Friedens theures Pfand,
Den letzten heil'gen Anker meiner Hoffnung,
An eures Hasses Wuth unzeitig wagen?
— Erst mußtet ihr's ertragen euch als Brüder
Zu seh'n, eh' ich die Schwester zwischen euch
Als einen Friedensengel stellen konnte.
Jetzt kann ich's, und ich führe sie euch zu.
Den alten Diener hab' ich ausgesendet,
Und stündlich harr' ich seiner Wiederkehr,
Der, ihrer stillen Zuflucht sie entreißend,
Zurück an meine mütterliche Brust
Sie führt und in die brüderlichen Arme.

Don Manuel.

Und sie ist nicht die Einz'ge die du heut
In deine Mutterarme schließen wirst.
Es zieht die Freude ein durch alle Pforten,
Es füllt sich der verödete Palast
Und wird der Sitz der blüh'nden Anmuth werden.
— Vernimm, o Mutter, jetzt auch mein Geheimniß.
Eine Schwester gibst du mir — Ich will dafür
Dir eine zweite liebe Tochter schenken.
Ja, Mutter, segne deinen Sohn! Dies Herz,
Es hat gewählt; gefunden hab' ich sie,
Die mir durch's Leben soll Gefährtin sein.
Eh' dieses Tages Sonne sinkt, führ' ich
Die Gattin dir Don Manuels zu Füßen.

Isabella.

An meine Brust will ich sie freudig schließen,
Die meinen Erstgebornen mir beglückt;
Auf ihren Pfaden soll die Freude sprießen,
Und jede Blume, die das Leben schmückt,
Und jedes Glück soll mir den Sohn belohnen,
Der mir die schönste reicht der Mutterkronen!

Don Cesar.

Verschwende, Mutter, deines Segens Fülle
Nicht an den einen erstgebornen Sohn!

Pouvais-je placer votre sœur entre vos épées nues, furieuses?
Pouviez-vous, dans cette tempête, entendre la voix maternelle?
Et devais-je risquer avant le temps, exposé à la fureur de votre
haine, le précieux gage de la paix, la dernière et sainte ancre
de mon espérance?... Il fallait d'abord que vous prissiez sur
vous de vous regarder comme frères, avant que je pusse placer
entre vous une sœur, comme un ange de paix. Maintenant je le
puis, et je vous l'amènerai. J'ai envoyé le vieux serviteur, et à
chaque instant j'attends son retour. Il doit, l'enlevant à son paisible asile, la ramener sur mon cœur maternel et dans les bras
de ses frères.

DON MANUEL. Et elle n'est pas la seule que tu presseras aujour-
d'hui dans tes bras maternels. La joie entre par toutes les portes,
le palais désert se remplit et va devenir le séjour de la grâce
florissante.... Maintenant, ma mère, apprends aussi mon secret.
Tu me donnes une sœur.... Je veux, en retour, te faire don d'une
seconde fille chérie. Oui, ma mère, bénis ton fils! Mon cœur a
choisi; j'ai trouvé celle qui doit être la compagne de ma vie.
Avant que le soleil de ce jour descende sous l'horizon, j'amènerai
à tes pieds l'épouse de don Manuel.

ISABELLA. Je presserai joyeusement sur mon sein celle qui doit
rendre heureux mon premier-né! Que la joie germe dans ses
sentiers, avec toutes les fleurs qui parent la vie! Et que tout bonheur récompense le fils qui m'offre la plus belle couronne des
mères!

DON CÉSAR. Ne prodigue pas, ma mère, tous les trésors de tes
bénédictions à ton seul premier-né! Si l'amour bénit la vie, je

Wenn Liebe Segen giebt, so bring' auch ich
Dir eine Tochter, solcher Mutter werth,
Die mich der Liebe neu Gefühl gelehrt.
Eh' dieses Tages Sonne sinkt, führt auch
Don Cesar seine Gattin dir entgegen.

Don Manuel.

Allmächt'ge Liebe! Göttliche! Wohl nennt
Man dich mit Recht die Königin der Seelen!
Dir unterwirft sich jedes Element,
Du kannst das Feindlichstreitende vermählen;
Nichts lebt, was deine Hoheit nicht erkennt,
Und auch des Bruders wilden Sinn hast du
Besiegt, der unbezwungen stets geblieben.

(Don Cesar umarmend.)

Jetzt glaub' ich an dein Herz und schließe dich
Mit Hoffnung an die brüderliche Brust;
Nicht zweifl' ich mehr an dir, denn du kannst lieben.

Isabella.

Dreimal gesegnet sei mir dieser Tag,
Der mir auf einmal jede bange Sorge
Vom schwerbeladnen Busen hebt — Gegründet
Auf festen Säulen seh' ich mein Geschlecht,
Und in der Zeiten Unermeßlichkeit
Kann ich hinabsehn mit zufriednem Geist.
Noch gestern sah ich mich im Wittwenschleier,
Gleich einer Abgeschiednen, kinderlos,
In diesen öden Sälen ganz allein,
Und heute werden in der Jugend Glanz
Drei blüh'nde Töchter mir zur Seite stehen.
Die Mutter zeige sich, die glückliche
Von allen Weibern, die geboren haben,
Die sich mit mir an Herrlichkeit vergleicht!
— Doch welcher Fürsten königliche Töchter
Erblühen denn an dieses Landes Grenzen,
Davon ich Kunde nie vernahm? — denn nicht
Unwürdig wählen konnten meine Söhne!

Don Manuel.

Nur heute, Mutter, fordre nicht, den Schleier
Hinwegzuheben, der mein Glück bedeckt.

t'amènerai, moi aussi, une fille, digne d'une telle mère, celle qui m'a appris le sentiment tout nouveau de l'amour. Avant que le soleil de ce jour descende sous l'horizon, don César te présentera aussi son épouse.

DON MANUEL. Amour tout-puissant, divin! C'est à bon droit qu'on te nomme le roi des âmes. A toi se soumettent tous les éléments, tu peux réunir ce que divisait une lutte hostile ; rien ne vit qui ne reconnaisse ton empire. Tu as aussi vaincu l'âme farouche de mon frère, qui toujours était demeurée indomptée (Embrassant don César.) Maintenant je crois à ton cœur, et je te presse avec espoir sur mon sein fraternel : je ne doute plus de toi, puisque tu peux aimer.

ISABELLA. Qu'il soit trois fois béni ce jour qui, au même instant, délivre de tout souci, de toute angoisse, mon cœur oppressé! Je crois ma race appuyée sur de solides colonnes, et je puis étendre mes regards, l'âme satisfaite, sur l'immensité des temps. Hier encore je me voyais couverte du voile des veuves, pareille à une morte, sans enfants, toute seule dans ces salles désertes, et aujourd'hui, dans tout l'éclat de la jeunesse, trois filles florissantes seront debout à mes côtés. Qu'elle paraisse, la mère, heureuse entre toutes les femmes qui ont enfanté, qui puisse comparer sa gloire à la mienne!... Mais quels sont les princes dont les royales filles brillent dans leur fleur aux confins de ce pays, sans que leur nom soit parvenu à moi?... car mes fils n'ont pu faire d'indignes choix.

DON MANUEL. Pour aujourd'hui seulement, ma mère, n'exige pas que je lève le voile qui couvre mon bonheur. Le jour vient qui

Es kommt der Tag, der alles lösen wird,
Am besten mag die Braut sich selbst verkünden,
Deß sei gewiß, du wirst sie würdig finden.

Isabella.

Des Vaters eignen Sinn und Geist erkenn' ich
In meinem erstgebornen Sohn, der liebte
Von jeher, sich verborgen in sich selbst
Zu spinnen und den Rathschluß zu bewahren
Im unzugangbar fest verschlossenen Gemüth!
Gern mag ich dir die kurze Frist vergönnen;
Doch mein Sohn Cesar, deß bin ich gewiß,
Wird jetzt mir eine Königstochter nennen.

Don Cesar.

Nicht meine Weise ist's, geheimnißvoll
Mich zu verhüllen, Mutter. Frei und offen,
Wie meine Stirne, trag' ich mein Gemüth;
Doch, was du jetzt von mir begehrst zu wissen,
Das, Mutter — laß mich's redlich dir gestehn,
Hab' ich mich selbst noch nicht gefragt. Fragt man,
Woher der Sonne Himmelsfeuer flamme?
Die alle Welt verklärt, erklärt sich selbst,
Ihr Licht bezeugt, daß sie vom Lichte stamme.
Ins klare Auge sah ich meiner Braut,
Ins Herz des Herzens hab' ich ihr geschaut,
Am reinen Glanz will ich die Perle kennen;
Doch ihren Namen kann ich dir nicht nennen.

Isabella.

Wie, mein Sohn Cesar? kläre mir das auf.
Zu gern dem ersten mächtigen Gefühl
Vertrautest du, wie einer Götterstimme.
Auf rascher Jugendthat erwart' ich dich,
Doch nicht auf thöricht kindischer — Laß hören,
Was deine Wahl gelenkt.

Don Cesar.

                Wahl, meine Mutter?
Ist's Wahl, wenn des Gestirnes Macht den Menschen
Ereilt in der verhängnißvollen Stunde?
Nicht, eine Braut zu suchen, ging ich aus,
Nicht wahrlich solches Eitle konnte mir

doit tout révéler. Que ma fiancée (qui le ferait mieux?) se produise elle-même ! Sois assurée que tu la trouveras digne de toi.

ISABELLA. Je reconnais dans mon fils premier-né le caractère propre et l'esprit de son père. Il aima toujours, lui aussi, à tramer ses desseins en secret, au dedans de lui-même, et à garder pour lui ses résolutions dans une âme fermée, inaccessible! Je t'accorde volontiers ce court délai; mais mon fils César, j'en suis certaine, va me nommer dès à présent sa royale fiancée.

DON CÉSAR. Ce n'est pas ma manière de me cacher mystérieusement, ma mère. Je montre mon âme, libre et ouverte, comme mon front. Mais ce que tu désires savoir... laisse-moi, ma mère, te l'avouer loyalement, je ne me le suis pas encore demandé à moi-même. Demande-t-on où le soleil allume son feu céleste? L'astre qui éclaire le monde se révèle lui-même : sa lumière témoigne qu'il procède de la lumière. J'ai lu dans les yeux limpides de ma fiancée, j'ai pénétré jusqu'au cœur de son cœur ; je reconnais la perle à son pur éclat, mais je ne puis te dire son nom.

ISABELLA. Eh quoi, mon fils César ? Explique-moi ce mystère. Toujours tu t'es lié trop aisément à une première et puissante impulsion, comme on fait à une voix divine. J'attends de toi l'impétuosité de la jeunesse, mais non une folie puérile.... Dis-moi ce qui a guidé ton choix.

DON CÉSAR. Mon choix, ma mère! Y a-t-il un choix quand, à l'heure fatale, la puissance de son étoile atteint l'homme dans sa course ? Je n'étais pas sorti pour chercher une épouse, non vraiment! Cette pensée vaine ne pouvait me venir à l'esprit dans

Zu Sinne kommen in dem Haus des Todes,
Denn dorten fand ich, die ich nicht gesucht.
Gleichgültig war und nichtsbedeutend mir
Der Frauen leer geschwätziges Geschlecht,
Denn eine zweite sah ich nicht, wie dich,
Die ich gleich wie ein Götterbild verehre.
Es war des Vaters ernste Todtenfeier;
Im Volksgedräng verborgen, wohnten wir
Ihr bei, du weißt's, in unbekannter Kleidung;
So hattest du's mit Weisheit angeordnet,
Daß unsers Haders wild ausbrechende
Gewalt des Festes Würde nicht verletze.
— Mit schwarzem Flor behangen war das Schiff
Der Kirche, zwanzig Genien umstanden
Mit Fackeln in den Händen, den Altar,
Vor dem der Todtensarg erhaben ruhte,
Mit weißbekreuztem Grabestuch bedeckt.
Und auf dem Grabtuch sahe man den Stab
Der Herrschaft liegen und die Fürstenkrone,
Den ritterlichen Schmuck der goldnen Sporen,
Das Schwert mit diamantenem Gehäng.
— Und Alles lag in stiller Andacht knieend,
Als ungesehen jetzt vom hohen Chor
Herab die Orgel anfing sich zu regen,
Und hundertstimmig der Gesang begann —
Und als der Chor noch fortklang, stieg der Sarg
Mit sammt dem Boden, der ihn trug, allmählig
Versinkend in die Unterwelt hinab,
Das Grabtuch aber überschleierte,
Weit ausgebreitet die verborgne Mündung,
Und auf der Erde blieb der irb'sche Schmuck
Zurück, dem Niederfahrenden nicht folgend —
Doch auf den Seraphsflügeln des Gesangs
Schwang die befreite Seele sich nach oben,
Den Himmel suchend und den Schooß der Gnade.
— Dies alles, Mutter, ruf' ich dir, genau
Beschreibend, ins Gedächtniß jetzt zurück,
Daß du erkennest, ob zu jener Stunde
Ein weltlich Wünschen mir im Herzen war.

la maison de la mort ; car c'est là que j'ai trouvé celle que je ne cherchais pas. La race des femmes à la langue légère m'était indifférente et sans nul prix à mes yeux ; car je n'en voyais pas une seconde semblable à toi, à toi que je vénère comme l'image de Dieu. C'était la triste solennité des funérailles de mon père. Cachés dans la foule du peuple, nous y assistions, tu le sais, sous un déguisement : tu l'avais ainsi ordonné avec sagesse, pour que la violence de notre discorde ne pût troubler, par quelque éclat fougueux, la dignité de la cérémonie…. Le vaisseau de l'église était tendu de crêpe noir ; vingt génies, des flambeaux à la main, entouraient l'autel, devant lequel le cercueil reposait sur une haute estrade, recouvert du drap sépulcral croisé d'une croix blanche. Et sur le drap l'on voyait le bâton du commandement, et la couronne royale, les éperons d'or, insigne du chevalier, le glaive avec sa poignée ornée de diamants… et tous étaient à genoux, dans un pieux recueillement, quand, du haut du chœur, l'orgue invisible se fit entendre, et que le chant aux cent voix commença…. Pendant que les hymnes résonnaient encore, le cercueil, avec le sol qui le portait, descendit, s'enfonçant peu à peu dans le monde souterrain : mais le drap sépulcral voilait, largement étendu, l'ouverture cachée, et sur la terre demeura la parure terrestre, ne suivant pas celui qui descendait…. Cependant, sur les ailes séraphiques du chant, l'âme affranchie prenait son essor, cherchant le ciel et se réfugiant au sein de la grâce divine…. Tout ceci, ma mère, je le rappelle en ce moment à ton souvenir par cette exacte description, pour que tu voies si à cette heure un désir mondain avait place dans mon âme, et c'est

Und diesen festlich ernsten Augenblick
Erwählte sich der Lenker meines Lebens,
Mich zu berühren mit der Liebe Strahl.
Wie es geschah, frag' ich mich selbst vergebens.

Isabella.

Vollende dennoch! Laß mich Alles hören!

Don Cesar.

Woher sie kam, und wie sie sich zu mir
Gefunden, dieses frage nicht — Als ich
Die Augen wandte, stand sie mir zur Seite,
Und dunkel mächtig, wunderbar ergriff
Im tiefsten Innersten mich ihre Nähe.
Nicht ihres Wesens schöner Außenschein,
Nicht ihres Lächelns holder Zauber war's,
Die Reize nicht, die auf der Wange schweben,
Selbst nicht der Glanz der göttlichen Gestalt —
Es war ihr tiefstes und geheimstes Leben,
Was mich ergriff mit heiliger Gewalt,
Wie Zaubers Kräfte unbegreiflich weben —
Die Seelen schienen ohne Worteslaut
Sich ohne Mittel geistig zu berühren,
Als sich mein Athem mischte mit dem ihren;
Fremd war sie mir und innig doch vertraut,
Und klar auf einmal fühlt' ich's in mir werden,
Die ist es oder keine sonst auf Erden!

Don Manuel (mit Feuer einfallend).

Das ist der Liebe heil'ger Götterstrahl,
Der in die Seele schlägt und trifft und zündet,
Wenn sich Verwandtes zum Verwandten findet,
Da ist kein Widerstand und keine Wahl,
Es löst der Mensch nicht, was der Himmel bindet.
— Dem Bruder fall' ich bei, ich muß ihn loben,
Mein eigen Schicksal ist's, was er erzählt,
Den Schleier hat er glücklich aufgehoben
Von dem Gefühl, das dunkel mich beseelt.

Isabella.

Den eignen freien Weg, ich seh' es wohl,
Will das Verhängniß gehn mit meinen Kindern.
Vom Berge stürzt der ungeheure Strom,

cet instant grave et solennel que l'arbitre de ma vie a choisi pour me toucher du rayon de l'amour. Comment cela est arrivé, je me le demande en vain à moi-même.

ISABELLA. Achève cependant, apprends-moi tout.

DON CÉSAR. D'où elle vint et comment elle se trouva près de moi, ne me le demande pas.... Quand je tournai les yeux, elle était à mon côté, et sa présence m'agita au plus profond de mon âme, avec une puissance mystérieuse, admirable. Ce n'était point l'aimable magie de son sourire, ce n'étaient point les charmes qui brillent sur ses joues, pas même la splendeur de sa forme divine... c'était sa vie la plus profonde, la plus intime, qui s'emparait de moi avec une force céleste, comme agit, inconcevable, un pouvoir magique.... Il me sembla que nos âmes, sans le secours de la parole, sans intermédiaire, se touchaient d'un contact tout spirituel, alors que mon souffle se mêla avec le sien. Elle m'était étrangère, et pourtant unie intimement ; et tout à coup j'entendis distinctement une voix qui me disait au dedans de moi-même : « C'est elle, ou nulle autre sur la terre ! »

DON MANUEL (l'interrompant avec feu). C'est l'éclair divin du saint amour, qui frappe au cœur, atteint, enflamme. Quand l'âme rencontre une âme parente, alors il n'y a ni résistance, ni choix : l'homme ne peut délier ce que le ciel lie.... J'applaudis au langage de mon frère et le loue de tout cœur ; c'est ma propre destinée qu'il vient de raconter : il a, d'une main heureuse, écarté le voile du sentiment confus qui m'anime.

ISABELLA. Le destin veut, je le vois bien, suivre avec mes enfants sa voie propre et libre. Le torrent impétueux se précipite de la montagne, se creuse à lui-même son lit et se rompt

Wühlt sich sein Bette selbst und bricht sich Bahn,
Nicht des gemess'nen Pfades achtet er,
Den ihm die Klugheit vorbedächtig baut.
So unterwerf' ich mich — wie kann ich's ändern —
Der unregiersam stärkern Götterhand,
Die meines Hauses Schicksal dunkel spinnt.
Der Söhne Herz ist meiner Hoffnung Pfand,
Sie denken groß, wie sie geboren sind.

Isabella, Don Manuel, Don Cesar. Diego
(zeigt sich an der Thüre).

Isabella.

Doch, sieh', da kommt mein treuer Knecht zurück!
Nur näher, näher, redlicher Diego!
Wo ist mein Kind? — Sie wissen Alles! Hier
Ist kein Geheimniß mehr — Wo ist sie? Sprich!
Verbirg sie länger nicht! Wir sind gefaßt
Die höchste Freude zu ertragen. Komm!

(Sie will mit ihm nach der Thüre gehen.)

Was ist das? Wie? Du zögerst? Du verstummst?
Das ist kein Blick, der Gutes mir verkündet!
Was ist dir? Sprich! Ein Schauder faßt mich an.
Wo ist sie? Wo ist Beatrice?

(Will hinaus.)

Don Manuel (für sich betroffen).

Beatrice!

Diego (hält sie zurück).

Bleib!

Isabella.

Wo ist sie? Mich entseelt die Angst.

Diego.

Sie folgt
Mir nicht. Ich bringe dir die Tochter nicht.

Isabella.

Was ist geschehn? Bei allen Heil'gen, rede!

Don Cesar.

Wo ist die Schwester? Unglücksel'ger, rede!

Diego.

Sie ist geraubt, gestohlen von Corsaren!
O, hätt' ich nimmer diesen Tag gesehn!

un passage, sans nul souci de la voie régulière que la sagesse prévoyante lui avait tracée. Je me soumets donc... que pourrais-je y changer ?...à cette main plus puissante que nul ne gouverne, à cette main divine qui trame mystérieusement le destin de ma maison. Le cœur de mes fils est le gage de mon espoir ; leurs pensées sont grandes comme l'est leur naissance.

ISABELLA, DON MANUEL, DON CÉSAR ; DIÉGO
(se montre à la porte).

ISABELLA. Mais, voyez, mon digne serviteur est de retour. Approche, approche, loyal Diégo ! Où est mon enfant ?... Ils savent tout, il n'y a plus ici de mystère.... Où est-elle ? Parle ! Ne la cache pas plus longtemps. Nous sommes préparés à supporter la plus grande joie. Viens ! (Elle veut aller avec lui vers la porte.) Qu'est-ce donc ? Comment ? Tu hésites ? Tu gardes le silence ? Ce n'est pas là un regard qui promette le bonheur ! Qu'as-tu ? Parle ! Un frisson me saisit. Où est-elle ? Où est Béatrice ? (Elle veut sortir.)

DON MANUEL (à part, avec surprise). Béatrice !

DIÉGO (la retient). Demeure !

ISABELLA. Où est-elle ? Cette anxiété me tue.

DIÉGO. Elle ne me suit pas. Je ne t'amène pas ta fille.

ISABELLA. Qu'est-il arrivé ? Par tous les saints, parle !

DON CÉSAR. Où est ma sœur ? Malheureux, parle !

DIÉGO. Elle est enlevée ! ravie par des corsaires ! Plût au ciel que je n'eusse jamais vu ce jour !

Don Manuel.

Faß dich, o Mutter!

Don Cesar.

Mutter, sei gefaßt!
Bezwinge dich, bis du ihn ganz vernommen!

Diego.

Ich machte schnell mich auf, wie du befohlen,
Die oft betretne Straße nach dem Kloster
Zum letztenmal zu gehn — Die Freude trug mich
Auf leichten Flügeln fort.

Don Cesar.

Zur Sache!

Don Manuel.

Rede!

Diego.

Und da ich in die wohlbekannten Höfe
Des Klosters trete, die ich oft betrat,
Nach deiner Tochter ungeduldig frage,
Seh' ich des Schreckens Bild in jedem Auge,
Entsetzt vernehm' ich das Entsetzliche.

(Isabella sinkt bleich und zitternd auf einen Sessel, Don Manuel ist um
sie beschäftigt.)

Don Cesar.

Und Mauren, sagst du, raubten sie hinweg?
Sah man die Mauren? Wer bezeugte dies?

Diego.

Ein maurisch Räuberschiff gewahrte man
In einer Bucht, unfern dem Kloster ankernd.

Don Cesar.

Manch Segel rettet sich in diese Buchten
Vor des Orkanes Wuth — Wo ist das Schiff?

Diego.

Heut frühe sah man es in hoher See
Mit voller Segel Kraft das Weite suchen.

Don Cesar.

Hört man von anderm Raub noch, der geschehn? —
Dem Mauren gnügt einfache Beute nicht.

DON MANUEL. Possède-toi, ma mère !

DON CÉSAR. Ma mère, du courage! Contiens-toi, jusqu'à ce qu'il t'ait tout appris.

DIÉGO. Je partis rapidement, comme tu l'avais ordonné, pour franchir une dernière fois la route, si souvent parcourue, qui conduit au couvent.... La joie me portait sur ses ailes légères.

DON CÉSAR. Au fait !

DON MANUEL. Parle !

DIÉGO. Et comme j'entre dans les cours bien connues du couvent, où j'étais entré tant de fois, que je demande impatiemment ta fille, je vois l'image de l'effroi dans tous les regards, et j'apprends avec horreur l'horrible attentat.... (Isabella tombe, pâle et tremblante, sur un fauteuil. Don Manuel s'empresse autour d'elle.)

DON CÉSAR. Et des Maures, dis-tu, l'ont enlevée ? A-t-on vu les Maures? Qui a attesté le fait ?

DIÉGO. On a vu un vaisseau de pirates maures à l'ancre dans une baie, non loin du couvent.

DON CÉSAR. Plus d'une voile se réfugie dans ces baies, pour échapper à la fureur de l'ouragan.... Où est le vaisseau ?

DIÉGO. Ce matin, on l'a vu en pleine mer, gagnant le large à force de voiles.

DON CÉSAR. Dit-on que d'autres brigandages aient été commis ?... Les Maures ne se contentent pas d'une seule proie.

Diego.

Hinweg getrieben wurde mit Gewalt
Die Rinderheerde, die dort weidete.

Don Cesar.

Wie konnten Räuber aus des Klosters Mitte
Die Wohlverschloss'ne heimlich raubend stehlen?

Diego.

Des Klostergartens Mauern waren leicht
Auf hoher Leiter Sprossen überstiegen.

Don Cesar.

Wie brachen sie in's Innerste der Zellen?
Denn fromme Nonnen hält der strenge Zwang.

Diego.

Die noch durch kein Gelübde sich gebunden,
Sie durfte frei im Freien sich ergehen.

Don Cesar.

Und pflegte sie des freien Rechtes oft
Sich zu bedienen? Dieses sage mir.

Diego.

Oft sah man sie des Gartens Stille suchen;
Der Wiederkehr vergaß sie heute nur.

Don Cesar (nachdem er sich eine Weile bedacht).

Raub, sagst du? War sie frei genug dem Räuber,
So konnte sie in Freiheit auch entfliehen.

Isabella (steht auf).

Es ist Gewalt! Es ist verwegner Raub!
Nicht pflichtvergessen konnte meine Tochter
Aus freier Neigung dem Entführer folgen!
— Don Manuel! Don Cesar! Eine Schwester
Dacht' ich euch zuzuführen; doch ich selbst
Soll jetzt sie eurem Heldenarm verdanken.
In eurer Kraft erhebt euch, meine Söhne!
Nicht ruhig duldet es, daß eure Schwester
Des frechen Diebes Beute sei — Ergreift
Die Waffen! rüstet Schiffe aus! Durchforscht
Die ganze Küste! durch alle Meere setzt
Dem Räuber nach! Erobert euch die Schwester!

DIÉGO. On a emmené avec violence le troupeau de bœufs qui passait en ce lieu.

DON CÉSAR. Comment des brigands pouvaient-ils enlever secrètement, du milieu d'un cloître, une jeune fille enfermée dans une sûre enceinte ?

DIÉGO. Les murs du jardin du couvent étaient faciles à escalader, au moyen des degrés d'une haute échelle.

DON CÉSAR. Comment ont-ils pénétré dans l'intérieur des cellules ? car les pieuses nonnes sont soumises à une sévère clôture.

DIÉGO. Comme elle n'était encore liée par aucun vœu, elle pouvait librement se promener en plein air.

DON CÉSAR. Et usait-elle souvent de cette liberté ? Dis-moi cela.

DIÉGO. Souvent on la voyait chercher la solitude du jardin. Aujourd'hui seulement elle a oublié le retour.

DON CÉSAR (après avoir réfléchi un moment). Un rapt, dis-tu ? S'il était possible à des brigands de l'enlever, elle a pu fuir aussi de son propre gré.

ISABELLA (se lève). C'est la violence ! c'est un rapt audacieux ! Ma fille ne pouvait, oubliant son devoir, suivre un ravisseur par un libre penchant de son cœur.... Don Manuel ! don César ! je comptais vous présenter une sœur ; mais maintenant il faut que moi-même je la doive à votre bras héroïque. Déployez votre courage, mes fils ! Ne souffrez pas paisiblement que votre sœur soit la proie d'un brigand audacieux.... Prenez les armes ! Équipez des navires ! Explorez toute la côte ! Poursuivez le ravisseur sur toutes les mers! Il vous faut conquérir votre sœur !

Don Cesar.

Leb' wohl! Zur Rache flieg' ich, zur Entdeckung!

(Er geht ab. Don Manuel aus einer tiefen Zerstreuung erwachend
wendet sich beunruhigt zu Diego.)

Don Manuel.

Wann, sagst du, sei sie unsichtbar geworden?

Diego.

Seit diesem Morgen erst ward sie vermißt.

Don Manuel (zu Donna Isabella.)

Und Beatrice nennt sich deine Tochter?

Isabella.

Dies ist ihr Name! Eile! Frage nicht!

Don Manuel.

Nur eines noch, o Mutter laß mich wissen —

Isabella.

Fliege zur That! Des Bruders Beispiel folge!

Don Manuel.

In welcher Gegend, ich beschwöre dich —

Isabella (ihn forttreibend.)

Sieh meine Thränen, meine Todesangst!

Don Manuel.

In welcher Gegend hieltst du sie verborgen?

Isabella.

Verborgner nicht war sie im Schooß der Erde!

Diego.

O, jetzt ergreift mich plötzlich bange Furcht.

Don Manuel.

Furcht, und worüber? Sage, was du weißt.

Diego.

Daß ich des Raubs unschuldig Ursach sei.

Isabella.

Unglücklicher, entdecke, was geschehn!

Diego.

Ich habe dir's verhehlt, Gebieterin,
Dein Mutterherz mit Sorge zu verschonen.
Am Tage, als der Fürst beerdigt ward,
Und alle Welt, begierig nach dem Neuen,
Der ernsten Feier sich entgegendrängte,
Lag deine Tochter — denn die Kunde war

DON CÉSAR. Adieu ! Je vole à la vengeance, à sa découverte !
(Il sort.)

DON MANUEL (s'éveillant d'une distraction profonde, se tourne avec inquiétude vers Diégo). Quand dis-tu qu'on a cessé de la voir ?

DIÉGO. C'est ce matin seulement qu'elle a disparu.

DON MANUEL (à donna Isabella). Et ta fille se nomme Béatrice ?

ISABELLA. Tel est son nom. Hâte-toi ! Plus de questions !

DON MANUEL. Apprends-moi encore une seule chose, ma mère....

ISABELLA. Vole à l'action ! Suis l'exemple de ton frère !

DON MANUEL. Dans quelle contrée, je t'en conjure...?

ISABELLA (le poussant, le pressant de partir). Vois mes larmes, mes mortelles angoisses !

DON MANUEL. Dans quelle contrée la tenais-tu cachée ?

ISABELLA. Elle n'eût pas été plus cachée au sein de la terre !

DIÉGO. Oh ! maintenant une crainte subite me saisit et me trouble.

DON MANUEL. De la crainte, et pourquoi ? Dis ce que tu sais.

DIÉGO. Celle d'être la cause innocente de l'enlèvement.

ISABELLA. Malheureux ! découvre-moi ce qui est arrivé.

DIÉGO. Je te l'ai caché, ma souveraine, pour épargner les soucis à ton cœur maternel. Le jour où le prince fut enseveli, et où tout le peuple, avide de nouveauté, se pressait à cette fête de deuil, ta fille... car la nouvelle avait aussi pénétré dans les murs du

Auch in des Klosters Mauern eingedrungen —
Lag sie mir an mit unabläss'gem Flehn,
Ihr dieses Festes Anblick zu gewähren.
Ich Unglückseliger ließ mich bewegen,
Verhüllte sie in ernste Trauertracht
Und also war sie Zeugin jenes Festes.
Und dort, befürcht' ich, in des Volks Gewühl,
Das sich herbeigedrängt von allen Enden,
Ward sie vom Aug' des Räubers ausgespäht,
Denn ihrer Schönheit Glanz birgt keine Hülle.

    Don Manuel (vor sich, erleichtert).
Glücksel'ges Wort, das mir das Herz befreit!
Das gleicht ihr nicht! Dies Zeichen trifft nicht zu.

    Isabella.
Wahnsinn'ger Alter! So verriethst du mich!

    Diego.
Gebieterin! Ich dacht' es gut zu machen.
Die Stimme der Natur, die Macht des Bluts
Glaubt' ich in diesem Wunsche zu erkennen;
Ich hielt es für des Himmels eignes Werk,
Der mit verborgen ahnungsvollem Zuge
Die Tochter hintrieb zu des Vaters Grab!
Der frommen Pflicht wollt' ich ihr Recht erzeigen,
Und so, aus guter Meinung, schafft' ich Böses!

    Don Manuel (vor sich).
Was steh' ich hier in Furcht und Zweifelsqualen?
Schnell will ich Licht mir schaffen und Gewißheit.

                (Will gehen.)

    Don Cesar (der zurückkommt).
Verzieh', Don Manuel, gleich folg' ich dir.

    Don Manuel.
Folge mir nicht! Hinweg! Mir folge niemand!

                (Er geht ab.)

    Don Cesar (sieht ihm verwundert nach).
Was ist dem Bruder? Mutter, sage mir's.

    Isabella.
Ich kenn' ihn nicht mehr. Ganz verkenn' ich ihn.

    Don Cesar.
Du siehst mich wiederkehren, meine Mutter;

couvent... ta fille me conjura avec d'infatigables instances de lui procurer la vue de cette solennité. Moi, malheureux, je me laissai toucher. Je la déguisai sous un sombre vêtement de deuil, et elle fut ainsi témoin de la cérémonie. Là, je le crains, dans la foule du peuple qui était accouru de toutes parts, elle fut épiée par l'œil du ravisseur, car nul déguisement ne cache l'éclat de sa beauté.

DON MANUEL (à part, soulagé). Heureuse parole qui délivre mon cœur! Cela ne lui ressemble pas! Ce signe ne s'accorde pas avec les autres!

ISABELLA. Vieillard insensé! Ainsi, tu m'as trahie!

DIEGO. Ma souveraine, je croyais bien faire. Je croyais reconnaître dans ce désir la voix de la nature, la force du sang; j'y voyais l'œuvre même du ciel, qui, par un attrait caché, un pressentiment puissant, entraînait la fille sur la tombe de son père. J'ai voulu faire droit à ce désir, à ce pieux devoir, et ainsi, à bonne intention, j'ai causé un malheur.

DON MANUEL (à part). Pourquoi rester ici dans les tortures de la crainte et du doute? Je veux chercher sans retard la lumière et la certitude. (Il veut sortir.)

DON CÉSAR (revenant). Attends, don Manuel, je te suis à l'instant.

DON MANUEL. Ne me suis pas! Reste loin de moi! Que personne ne me suive! (Il sort.)

DON CÉSAR (le suit d'un regard étonné). Qu'a donc mon frère? Ma mère, dis-le-moi.

ISABELLA. Je ne le reconnais plus. Je ne retrouve pas don Manuel.

DON CESAR. Tu me vois revenir, ma mère. Dans l'ardeur em-

Denn in des Eifers heftiger Begier
Vergaß ich, um ein Zeichen dich zu fragen,
Woran man die verlorne Schwester kennt.
Wie find' ich ihre Spuren, eh' ich weiß,
Aus welchem Ort die Räuber sie gerissen?
Das Kloster nenne mir, das sie verbarg.

Isabella.

Der heiligen Cecilia ist's gewidmet,
Und hinterm Waldgebirge, das zum Aetna
Sich langsam steigend hebt, liegt es versteckt,
Wie ein verschwiegner Aufenthalt der Seelen.

Don Cesar.

Sei gutes Muths! Vertraue deinen Söhnen!
Die Schwester bring' ich dir zurück, müßt' ich
Durch alle Länder sie und Meere suchen.
Doch eines, Mutter, ist es, was mich kümmert:
Die Braut verließ ich unter fremdem Schutz,
Nur dir kann ich das theure Pfand vertrauen,
Ich sende sie dir her, du wirst sie schauen;
An ihrer Brust, an ihrem lieben Herzen
Wirst du des Grams vergessen und der Schmerzen.

(Er geht ab.)

Isabella.

Wann endlich wird der alte Fluch sich lösen,
Der über diesem Hause lastend ruht?
Mit meiner Hoffnung spielt ein tückisch Wesen,
Und nimmer stillt sich seines Neides Wuth.
So nahe glaubte ich mich dem sichern Hafen,
So fest vertraut' ich auf des Glückes Pfand,
Und alle Stürme glaubt' ich eingeschlafen,
Und freudig winkend sah ich schon das Land
Im Abendglanz der Sonne sich erhellen;
Da kommt ein Sturm, aus heitrer Luft gesandt,
Und reißt mich wieder in den Kampf der Wellen.

(Sie geht nach dem innern Hause, wohin ihr Diego folgt.)

Die Scene verwandelt sich in den Garten.

Beide Chöre. Zuletzt Beatrice.

Der Chor des Don Manuel kommt in festlichem Aufzug, mit Kränzen
geschmückt, und die oben beschriebenen Brautgeschenke begleitend; der
Chor des Don Cesar will ihm den Eintritt verwehren.

pressée de mon zèle, j'ai oublié de te demander un signe auquel on puisse reconnaître ma sœur perdue. Comment retrouverais-je sa trace, si je ne sais de quel lieu les brigands l'ont enlevée ? Nomme-moi le cloître où elle était cachée.

ISABELLA. Il est consacré à sainte Cécile, et caché, comme un asile mystérieux des âmes, derrière la forêt qui monte par une douce pente vers le sommet de l'Etna.

DON CÉSAR. Prends courage ! Fie-toi à tes fils ! Je te ramènerai ma sœur, quand je devrais la chercher sur toutes les mers, par toutes les terres. Il est cependant, ma mère, une chose qui m'inquiète : j'ai laissé ma fiancée sous une protection étrangère. Je ne puis confier qu'à toi ce précieux gage. Je te l'enverrai ici, tu la verras. Dans ses bras, sur son tendre cœur, tu oublieras ton inquiétude et ta douleur. (Il sort.)

ISABELLA. Quand sera-t-elle enfin levée, cette antique malédiction qui pèse lourdement sur cette maison ? Un génie malveillant se joue de mes espérances, et jamais sa rage envieuse ne s'apaise. Je me croyais si près du port, sûr abri ; je me confiais si fermement à ces gages de bonheur ; je croyais toutes les tempêtes assoupies ; déjà s'offrait à moi une souriante perspective, la contrée s'éclairait aux rayons du soleil couchant : et voilà qu'une tempête éclate, partant d'un ciel serein, et m'entraîne encore au milieu de la lutte des vagues. (Elle se retire dans l'intérieur du palais, Diego la suit.)

La scène change et représente le jardin.

LES DEUX CHŒURS ; vers la fin, BÉATRICE. Le Chœur de don Manuel vient, dans un appareil de fête, orné de guirlandes, et accompagnant les dons d'hyménée décrits plus haut ; le Chœur de don César veut lui interdire l'entrée.

Erster Chor. (Cajetan.)
Du würdest wohl thun, diesen Platz zu leeren.

Zweiter Chor. (Bohemund.)
Ich will's, wenn beßre Männer es begehren.

Erster Chor. (Cajetan.)
Du könntest merken, daß du lästig bist.

Zweiter Chor. (Bohemund.)
Deßwegen bleib' ich, weil es dich verdrießt.

Erster Chor. (Cajetan.)
Hier ist mein Platz. Wer darf zurück mich halten?

Zweiter Chor. (Bohemund.)
Ich darf es thun, ich habe hier zu walten.

Erster Chor. (Cajetan.)
Mein Herrscher sendet mich, Don Manuel.

Zweiter Chor. (Bohemund.)
Ich stehe hier auf meines Herrn Befehl.

Erster Chor. (Cajetan.)
Dem ältern Bruder muß der jüngre weichen.

Zweiter Chor. (Bohemund.)
Dem Erstbesitzenden gehört die Welt.

Erster Chor. (Cajetan.)
Verhaßter, geh' und räume mir das Feld!

Zweiter Chor. (Bohemund.)
Nicht, bis sich unsre Schwerter erst vergleichen.

Erster Chor. (Cajetan.)
Find' ich dich überall in meinen Wegen?

Zweiter Chor. (Bohemund.)
Wo mir's gefällt, da tret' ich dir entgegen.

Erster Chor. (Cajetan.)
Was hast du hier zu horchen und zu hüten?

Zweiter Chor. (Bohemund.)
Was hast du hier zu fragen, zu verbieten?

Erster Chor. (Cajetan.)
Dir steh' ich nicht zur Red' und Antwort hier.

Zweiter Chor. (Bohomund.)
Und nicht des Wortes Ehre gönn' ich dir.

Erster Chor. (Cajetan.)
Ehrfurcht gebührt, o Jüngling, meinen Jahren.

LE PREMIER CHŒUR. (GAÉTAN.) Tu ferais bien de vider la place.

LE SECOND CHŒUR. (BOHÉMOND.) Je le veux faire, si celui qui l'exige vaut mieux que moi.

LE PREMIER CHŒUR. (GAÉTAN.) Tu pourrais remarquer que tu es importun.

LE SECOND CHŒUR. (BOHÉMOND.) Si je reste, c'est que cela te déplaît.

LE PREMIER CHŒUR. (GAÉTAN.) C'est ici ma place. Qui ose m'arrêter ?

LE SECOND CHŒUR. (BOHÉMOND.) J'ose le faire ; c'est à moi de commander ici.

LE PREMIER CHŒUR. (GAÉTAN.) Mon maître, don Manuel, m'envoie.

LE SECOND CHŒUR. (BOHÉMOND.) Et moi, je suis ici par l'ordre de mon maître.

LE PREMIER CHŒUR. (GAÉTAN.) Le plus jeune frère doit céder à l'aîné.

LE SECOND CHŒUR. (BOHÉMOND.) Au premier occupant appartient le monde.

LE PREMIER CHŒUR. (GAÉTAN.) Rival odieux, va, quitte le terrain.

LE SECOND CHŒUR. (BOHÉMOND.) Non pas avant que nos épées se mesurent.

LE PREMIER CHŒUR. (GAÉTAN.) Te trouverais-je partout sur mon chemin ?

LE SECOND CHŒUR. (BOHÉMOND.) Où il me plaira, je m'opposerai à toi.

LE PREMIER CHŒUR. (GAÉTAN.) Qu'as-tu donc à épier et à garder ici ?

LE SECOND CHŒUR. (BOHÉMOND.) Et toi à demander, à interdire ici ?

LE PREMIER CHŒUR. (GAÉTAN.) Je ne suis pas ici pour te rendre compte et te répondre.

LE SECOND CHŒUR. (BOHÉMOND.) Et je ne veux pas t'honorer de ma parole.

LE PREMIER CHŒUR. (GAÉTAN.) Le respect est dû, jeune homme, à mon âge.

Zweiter Chor. (Bohemund.)
In Tapferkeit bin ich, wie du, erfahren!

Beatrice (stürzt heraus).
Weh mir! Was wollen diese wilden Schaaren?

Erster Chor (Cajetan). Zum zweiten.
Nichts acht' ich dich und deine stolze Miene!

Zweiter Chor. (Bohemund.)
Ein beßrer ist der Herrscher, dem ich diene!

Beatrice.
O, weh mir, weh mir, wenn er jetzt erschiene!

Erster Chor. (Cajetan.)
Du lügst! Don Manuel besiegt ihn weit!

Zweiter Chor. (Bohemund.)
Den Preis gewinnt mein Herr in jedem Streit.

Beatrice.
Jetzt wird er kommen, dies ist seine Zeit.

Erster Chor. (Cajetan.)
Wäre nicht Friede, Recht verschafft' ich mir!

Zweiter Chor. (Bohemund.)
Wär's nicht die Furcht, kein Friede wehrte dir.

Beatrice.
O, wär' er tausend Meilen weit von hier!

Erster Chor. (Cajetan.)
Das Gesetz fürcht' ich, nicht deiner Blicke Trutz.

Zweiter Chor. (Bohemund.)
Wohl thust du dran, es ist des Feigen Schutz.

Erster Chor. (Cajetan.)
Fang' an, ich folge!

Zweiter Chor. (Bohemund.)
                Mein Schwert ist heraus!

Beatrice (in der heftigsten Beängstigung).
Sie werden handgemein, die Degen blitzen!
Ihr Himmelsmächte, haltet ihn zurück!
Werft euch in seinen Weg, ihr Hindernisse,
Eine Schlinge legt, ein Netz um seine Füße,
Daß er verfehle diesen Augenblick!
Ihr Engel alle, die ich flehend bat,
Ihn herzuführen, täuschet meine Bitte,
Weit, weit von hier entfernet seine Schritte!

LE SECOND CHŒUR. (BOHÉMOND.) Je suis, pour la bravoure, éprouvé comme toi.

BÉATRICE (sort précipitamment du pavillon). Malheur à moi! que veulent ces troupes farouches?

LE PREMIER CHŒUR (GAÉTAN) (au second). Je ne tiens nul compte de toi ni de ta mine orgueilleuse.

LE SECOND CHŒUR. (BOHÉMOND.) Le maître que je sers l'emporte sur le tien.

BÉATRICE. Oh! malheur, malheur à moi, s'il paraissait maintenant!

LE PREMIER CHŒUR. (GAÉTAN.) Tu mens! Don Manuel lui est bien supérieur.

LE SECOND CHŒUR. (BOHÉMOND.) Mon maître remporte le prix dans tous les combats.

BÉATRICE. Il va venir, voici son heure.

LE PREMIER CHŒUR. (GAÉTAN.) Si nous n'étions en paix, je me ferais justice.

LE SECOND CHŒUR. (BOHÉMOND.) N'était la crainte, la paix ne l'arrêterait point.

BÉATRICE. Oh! que n'est-il à mille lieues d'ici!

LE PREMIER CHŒUR. (GAÉTAN.) C'est la loi que je crains, non la menace de tes regards.

LE SECOND CHŒUR. (BOHÉMOND.) Tu fais bien, c'est la protection du lâche.

LE PREMIER CHŒUR. (GAÉTAN.) Commence, je te suivrai!

LE SECOND CHŒUR. (BOHÉMOND.) Mon glaive est tiré!

BÉATRICE (dans la plus vive anxiété). Ils en viennent aux mains, les épées brillent! O vous, puissances du ciel, retenez ses pas! Jetez-vous sur sa route, obstacles, entourez ses pieds de nœuds et d'entraves, pour qu'il ne vienne pas en ce moment! Vous tous, saints anges, que j'ai priés avec instance de l'amener, décevez ma prière, détournez ses pas, loin d'ici, bien loin! (Elle rentre en toute hâte. Au moment où les chœurs s'attaquent, don Manuel paraît.)

(Sie eilt hinein. Indem die Chöre einander anfallen, erscheint Don
Manuel.)

Don Manuel. Der Chor.

Don Manuel.

Was seh' ich! Haltet ein!

Erster Chor (Cajetan, Berengar, Manfred) zum Zweiten.

Komm an! Komm an!

Zweiter Chor. (Bohemund, Roger, Hippolyt.)

Nieder mit ihnen! Nieder!

Don Manuel (tritt zwischen sie, mit gezogenem Schwert).

Haltet ein!

Erster Chor. (Cajetan.)

Es ist der Fürst.

Zweiter Chor. (Bohemund.)

Der Bruder! Haltet Friede!

Don Manuel.

Den streck' ich todt auf dieses Rasens Grund,
Der mit gezuckter Augenwimper nur
Die Fehde fortsetzt und dem Gegner droht!
Rast ihr? Was für ein Dämon reizt euch an,
Des alten Zwistes Flammen aufzublasen,
Der zwischen uns, den Fürsten, abgethan
Und ausgeglichen ist auf immerdar?
— Wer fing den Streit an? Redet! Ich will's wissen.

Erster Chor. (Cajetan. Berengar.)

Sie standen hier —

Zweiter Chor (Roger, Bohemund) unterbrechend.

Sie kamen —

Don Manuel (zum ersten Chor.)

Rede du!

Erster Chor. (Cajetan.)

Wir kamen her, mein Fürst, die Hochzeitgaben
Zu überreichen, wie du uns befahlst.
Geschmückt zu einem Feste, keineswegs
Zum Krieg bereit, du siehst es, zogen wir
In Frieden unsern Weg, nichts Arges denkend
Und trauend dem beschworenen Vertrag:
Da fanden wir sie feindlich hier gelagert
Und uns den Eingang sperrend mit Gewalt.

DON MANUEL, LE CHŒUR.

DON MANUEL. Que vois-je ? arrêtez !

LE PREMIER CHŒUR (GAÉTAN, BÉRENGER, MANFRED.) (au second).
Avance, avance !

LE SECOND CHŒUR. (BOHÉMOND, ROGER, HIPPOLYTE.) Terrassons-
les ! Terrassons-les !

DON MANUEL (s'avance entre eux, l'épée nue). Arrêtez !

LE PREMIER CHŒUR. (GAÉTAN.) C'est le prince !

LE SECOND CHŒUR (BOHÉMOND). C'est son frère ! Restez en paix !

DON MANUEL. J'étends mort à mes pieds sur ce gazon le premier qui, ne fût-ce qu'en fronçant les sourcils, continue la lutte
et menace son adversaire ! Êtes-vous en démence ? Quel démon
vous excite à rallumer les flammes de l'ancienne discorde qui
entre nous, vos princes, est apaisée et conciliée à jamais ?... Qui
a commencé ? Parlez ? Je veux le savoir !

LE PREMIER CHŒUR. (GAÉTAN, BÉRENGER.) Ils étaient ici...

LE SECOND CHŒUR (ROGER, BOHÉMOND) (interrompant). Ils venaient...

DON MANUEL (au premier chœur). Parle, toi.

LE PREMIER CHŒUR. (GAÉTAN.) Nous venions ici, mon prince,
pour offrir, comme tu nous l'avais ordonné, les présents d'hyménée. Parés pour une fête, et nullement, tu le vois, préparés
à la guerre, nous suivions en paix notre route, sans aucune
pensée hostile, et nous fiant à l'accord juré. Mais voilà que nous
les trouvons, campés en ennemis dans ce lieu, et nous en fer-
mant l'entrée de vive force.

Don Manuel.

Unsinnige! Ist keine Freistatt sicher
Genug vor eurer blinden, tollen Wuth?
Auch in der Unschuld still verborgnen Sitz
Bricht euer Haber friedestörend ein?
(Zum zweiten Chor.)
Weiche zurück! Hier sind Geheimnisse,
Die deine kühne Gegenwart nicht dulden.
(Da derselbe zögert.)
Zurück! Dein Herr gebietet dir's durch mich,
Denn wir sind jetzt ein Haupt und ein Gemüth
Und mein Befehl ist auch der seine. Geh!
(Zum ersten Chor.)
Du bleibst und wahrst des Eingangs.

Zweiter Chor. (Bohemund.)

                 Was beginnen?
Die Fürsten sind versöhnt, das ist die Wahrheit,
Und in der hohen Häupter Spahn und Streit
Sich unberufen, vielgeschäftig drängen,
Bringt wenig Dank und öfterer Gefahr.
Denn wenn der Mächtige des Streits ermüdet,
Wirft er behend auf den geringen Mann,
Der arglos ihm gedient, den blut'gen Mantel
Der Schuld, und leicht gereinigt steht er da.
Drum mögen sich die Fürsten selbst vergleichen,
Ich acht' es für gerathner, wir gehorchen.
(Der zweite Chor geht ab, der erste zieht sich nach dem Hintergrund der
Scene zurück. In demselben Augenblick stürzt Beatrice heraus und
wirft sich in Don Manuels Arme.)

Beatrice. Don Manuel.

Beatrice.

Du bist's. Ich habe dich wieder — Grausamer!
Du hast mich lange, lange schmachten lassen,
Der Furcht und allen Schrecknissen zum Raub
Dahin gegeben! — Doch nichts mehr davon!
Ich habe dich — in deinen lieben Armen
Ist Schutz und Schirm vor jeglicher Gefahr.
Komm! Sie sind weg! Wir haben Raum zur Flucht,
Fort, laß uns keinen Augenblick verlieren!
(Sie will ihn mit sich fortziehen und sieht ihn erst jetzt genauer an.)

DON MANUEL. Insensés! Nul asile n'est-il donc à l'abri de votre folle et aveugle rage? Jusque dans le séjour silencieux et caché de l'innocence, votre discorde pénètre-t-elle pour troubler la paix? (Au second chœur.) Retire-toi! Il y a ici des secrets qui ne souffrent pas ta présence téméraire. (Comme le chœur hésite.) Arrière! Ton maître te l'ordonne par moi, car nous sommes maintenant une seule âme, une seule tête, et mon ordre est aussi le sien. Va! (Au premier chœur.) Toi, demeure et garde l'entrée.

LE SECOND CHŒUR. (BOHÉMOND.) Que faire? Les princes sont réconciliés, cela est vrai, et se jeter avec ardeur et sans mission dans les débats et les querelles des grands n'attire guère de reconnaissance, mais plutôt des dangers. Car, aussitôt que le puissant est las de combattre, il se hâte de jeter sur l'homme obscur qui l'a servi de bonne foi le manteau sanglant du crime, et le voilà pur lui-même à peu de frais. Que les princes s'arrangent donc entre eux, je tiens qu'il est plus sage d'obéir. (Le second chœur s'en va, le premier se retire vers le fond de la scène. Au même instant, Béatrice s'élance du pavillon et se jette dans les bras de don Manuel.)

BÉATRICE, DON MANUEL.

BÉATRICE. C'est toi. Tu m'es rendu.... Cruel! Tu m'as laissée languir longtemps, bien longtemps, en proie à la crainte, à toutes les terreurs.... Mais n'en parlons plus. Je te revois,... Dans tes bras chéris, je trouve asile et protection contre tout danger. Viens! Ils sont partis. Nous avons le temps de fuir. Partons, ne perdons pas un moment. (Elle veut l'entraîner, et, seulement alors,

Was ist dir? So verschlossen feierlich
Empfängst du mich — entziehst dich meinen Armen,
Als wolltest du mich lieber ganz verstoßen?
Ich kenne dich nicht mehr — Ist dies Don Manuel,
Mein Gatte! Mein Geliebter?

Don Manuel.
Beatrice!

Beatrice.
Nein, rede nicht! Jetzt ist nicht Zeit zu Worten!
Fort laß uns eilen, schnell! Der Augenblick
Ist kostbar —

Don Manuel.
Bleib'! Antworte mir!

Beatrice.
Fort, fort!
Eh diese wilden Männer wiederkehren!

Don Manuel.
Bleib'! Jene Männer werden uns nicht schaden.

Beatrice.
Doch, doch! Du kennst sie nicht. O, komm! Entfliehe!

Don Manuel.
Von meinem Arm beschützt, was kannst du fürchten?

Beatrice.
O, glaube mir, es gibt hier mächt'ge Menschen!

Don Manuel.
Geliebte, keinen Mächtigern als mich.

Beatrice.
Du, gegen diese Vielen ganz allein?

Don Manuel.
Ich ganz allein! Die Männer, die du fürchtest —

Beatrice.
Du kennst sie nicht, du weißt nicht, wem sie dienen.

Don Manuel.
Mir dienen sie, und ich bin ihr Gebieter.

Beatrice.
Du bist — Ein Schrecken fliegt durch meine Seele!

Don Manuel.
Lerne mich endlich kennen, Beatrice!
Ich bin nicht der, der ich dir schien zu sein,

elle le regarde avec plus d'attention.) Qu'as-tu donc ? Tu m'accueilles avec une réserve si solennelle... tu te dérobes à mes bras, comme si tu préférais me repousser loin de toi ? Je ne te reconnais pas.... Est-ce là don Manuel, mon époux, mon bien-aimé !

DON MANUEL. Béatrice !

BÉATRICE. Non, ne parle pas ! Ce n'est pas le temps des discours ! Hâtons-nous, partons au plus vite.... Le moment est précieux.

DON MANUEL. Demeure ! Réponds-moi !

BÉATRICE. Partons, partons ! avant que ces hommes farouches reviennent.

DON MANUEL. Demeure ! Ces hommes ne nous feront aucun mal.

BÉATRICE. Si, si, tu ne les connais pas. Oh ! viens ! fuis !

DON MANUEL. Défendue par mon bras, que peux-tu craindre?

BÉATRICE. Oh ! crois-moi, il y a ici des hommes puissants.

DON MANUEL. Aucun, ma bien-aimée, qui le soit plus que moi.

BÉATRICE. Toi, seul contre un si grand nombre ?

DON MANUEL. Moi seul! Ces hommes que tu crains....

BÉATRICE. Tu ne les connais pas, tu ne sais pas qui ils servent.

DON MANUEL. C'est moi qu'ils servent. Je suis leur souverain.

BÉATRICE. Tu es.... Quel effroi traverse mon âme !

DON MANUEL. Apprends enfin à me connaître, Béatrice ! Je ne suis pas ce que je t'ai paru jusqu'ici, un pauvre chevalier, un

Der arme Ritter nicht, der unbekannte,
Der liebend nur um deine Liebe warb.
Wer ich wahrhaftig bin, was ich vermag,
Woher ich stamme, hab' ich dir verborgen.

Beatrice.

Du bist Don Manuel nicht — Weh mir, wer bist du?

Don Manuel.

Don Manuel heiß' ich — doch ich bin der Höchste,
Der diesen Namen führt in dieser Stadt,
Ich bin Don Manuel, Fürst von Messina.

Beatrice.

Du wärst Don Manuel, Don Cesar's Bruder?

Don Manuel.

Don Cesar ist mein Bruder.

Beatrice.

Ist dein Bruder?

Don Manuel.

Wie? Dies erschreckt dich? Kennst du den Don Cesar?
Kennst du noch sonsten jemand meines Bluts?

Beatrice.

Du bist Don Manuel, der mit dem Bruder
In Hasse lebt und unversöhnter Fehde?

Don Manuel.

Wir sind versöhnt, seit heute sind wir Brüder,
Nicht von Geburt nur, nein, von Herzen auch.

Beatrice.

Versöhnt, seit heute!

Don Manuel.

Sage mir, was ist das?
Was bringt dich so in Aufruhr? Kennst du mehr
Als nur den Namen bloß von meinem Hause?
Weiß ich dein ganz Geheimniß? Hast du nichts,
Nichts mir verschwiegen oder vorenthalten?

Beatrice.

Was denkst du? Wie? Was hätt' ich zu gestehen?

Don Manuel.

Von deiner Mutter hast du mir noch nichts
Gesagt. Wer ist sie? Würdest du sie kennen,
Wenn ich sie dir beschriebe — dir sie zeigte?

inconnu, n'ayant que son amour pour aspirer au tien. Qui je suis en effet, ce que je puis, quelle est mon origine, je te l'ai caché.

BÉATRICE. Tu n'es pas don Manuel! Malheur à moi! Qui es-tu?

DON MANUEL. Je me nomme don Manuel... Mais je suis le plus grand qui porte ce nom dans cette ville, je suis don Manuel, prince de Messine.

BÉATRICE. Tu serais don Manuel, frère de don César?

DON MANUEL. Don César est mon frère.

BÉATRICE. Est ton frère?

DON MANUEL. Comment? Cela t'effraye? Connais-tu don César? Connais-tu encore quelqu'un de mon sang?

BÉATRICE. Tu es don Manuel, que la haine et une lutte irréconciliable séparent de son frère?

DON MANUEL. Nous sommes réconciliés. D'aujourd'hui nous sommes frères, non seulement par la naissance, mais par le cœur.

BÉATRICE. Réconciliés, d'aujourd'hui!

DON MANUEL. Dis-moi, qu'est-ce donc que cela? Qu'est-ce qui te trouble à ce point? Connais-tu de ma famille autre chose que son seul nom? Sais-je tout ton secret? Ne m'as-tu rien caché?

BÉATRICE. Quelle est ta pensée? Comment? Que puis-je avoir à t'avouer?

DON MANUEL. Tu ne m'as rien dit encore de ta mère. Qui est-elle? La reconnaîtrais-tu, si je te la dépeignais... si je te la montrais?

Beatrice.

Du kennst sie — kennst sie und verbargest mir?

Don Manuel.

Weh dir und wehe mir, wenn ich sie kenne!

Beatrice.

O, sie ist gütig, wie das Licht der Sonne!
Ich seh' sie vor mir, die Erinnerung
Belebt sich wieder, aus der Seele Tiefen
Erhebt sich mir die göttliche Gestalt.
Der braunen Locken dunkle Ringe seh' ich
Des weißen Halses edle Form beschatten!
Ich seh' der Stirne reingewölbten Bogen,
Des großen Auges dunkelhellen Glanz,
Auch ihrer Stimme seelenvolle Töne
Erwachen mir —

Don Manuel.

Weh mir! Du schilderst sie!

Beatrice.

Und ich entfloh ihr! Konnte sie verlassen,
Vielleicht am Morgen eben dieses Tags,
Der mich auf ewig ihr vereinen sollte!
O, selbst die Mutter gab ich hin für dich!

Don Manuel.

Messina's Fürstin wird dir Mutter sein.
Zu ihr bring' ich dich jetzt; sie wartet deiner.

Beatrice.

Was sagst du? Deine Mutter und Don Cesars?
Zu ihr mich bringen? Nimmer, nimmermehr!

Don Manuel.

Du schauderst? Was bedeutet dies Entsetzen?
Ist meine Mutter keine Fremde dir?

Beatrice.

O unglückselig traurige Entdeckung!
O, hätt' ich nimmer diesen Tag gesehn!

Don Manuel.

Was kann dich ängstigen, nun du mich kennst,
Den Fürsten findest in dem Unbekannten?

BÉATRICE. Tu la connais... la connais et me l'as caché ?

DON MANUEL. Malheur à toi et malheur à moi, si je la connais !

BÉATRICE. Oh ! son aspect est doux comme la lumière du soleil ! Je la vois devant moi, mes souvenirs se raniment, et du fond de mon âme sa céleste figure se dresse à mes yeux. Je vois s'arrondir son front d'un dessin si pur, je vois l'éclat sombre et limpide de ses grands yeux. Les sons de sa voix si pleine d'âme s'éveillent aussi en moi...

DON MANUEL. Malheur à moi ! C'est elle que tu dépeins !

BÉATRICE. Et j'ai pu me dérober à elle ! J'ai pu l'abandonner, peut-être au matin même de ce jour qui devait à jamais me réunir à elle ? Oh ! j'ai sacrifié pour toi jusqu'à ma mère !

DON MANUEL. La princesse de Messine sera ta mère. Je vais te conduire à l'instant vers elle ; elle t'attend.

BÉATRICE. Que dis-tu ? Ta mère, la mère de don César ? Me conduire vers elle ? Jamais, non jamais !

DON MANUEL. Tu frémis ? Que signifie cette terreur ? Ma mère n'est-elle pas une étrangère pour toi ?

BÉATRICE. Oh ! triste et fatale découverte ! Plût au Ciel que je n'eusse jamais vu ce jour !

DON MANUEL. Qu'est-ce qui peut t'effrayer, maintenant que tu me connais, que tu trouves le prince dans l'inconnu ?

Beatrice.

O, gib mir diesen Unbekannten wieder,
Mit ihm auf ödem Eiland wär' ich selig!

　　　　Don Cesar (hinter der Scene).

Zurück? Welch vieles Volk ist versammelt?

　　　　　　Beatrice.

Gott, diese Stimme! Wo verberg' ich mich?

　　　　　Don Manuel.

Erkennst du diese Stimme? Nein, du hast
Sie nie gehört und kannst sie nicht erkennen!

　　　　　　Beatrice.

O, laß uns fliehen! Komm und weile nicht!

　　　　　Don Manuel.

Was fliehn? Es ist des Bruders Stimme, der
Mich sucht; zwar wundert mich, wie er entdeckte —

　　　　　　Beatrice.

Bei allen Heiligen des Himmels, meid' ihn!
Begegne nicht dem heftig Stürmenden,
Laß dich von ihm an diesem Ort nicht finden.

　　　　　Don Manuel.

Geliebte Seele, dich verwirrt die Furcht!
Du hörst mich nicht, wir sind versöhnte Brüder.

　　　　　　Beatrice.

O Himmel, rette mich aus dieser Stunde!

　　　　　Don Manuel.

Was ahnet mir! Welch ein Gedanke faßt
Mich schaudernd? Wär' es möglich — wäre dir
Die Stimme keine fremde? — Beatrice,
Du warst — mir grauet, weiter fort zu fragen —
Du warst — bei meines Vaters Leichenfeier?

　　　　　　Beatrice.

Weh mir!

　　　　　Don Manuel.

　　Du warst zugegen?

　　　　　　Beatrice.

　　　　　Zürne nicht!

　　　　　Don Manuel.

Unglückliche, du warst?

BÉATRICE. Oh! rends-moi cet inconnu! Avec lui, je serais heureuse dans une île déserte.

DON CÉSAR (derrière la scène). Retirez-vous! Qu'est-ce que toute cette foule rassemblée ici ?

BÉATRICE. Dieu! Cette voix! Où me cacher ?

DON MANUEL. Reconnais-tu cette voix ? Non, tu ne l'as jamais entendue et ne peux la reconnaître.

BÉATRICE. Oh! fuyons! Viens et ne tarde pas.

DON MANUEL. Quoi fuir ? C'est la voix de mon frère, qui me cherche ; je m'étonne, il est vrai, qu'il ait découvert...

BÉATRICE. Par tous les saints du ciel, évite-le! Ne le rencontre pas dans son ardeur impétueuse, qu'il ne te trouve pas en ce lieu !

DON MANUEL. Chère âme, la crainte t'égare! Tu ne m'entends pas, nous sommes deux frères réconciliés.

BÉATRICE. O ciel, sauve-moi de cette heure fatale !

DON MANUEL. Quel pressentiment! Quelle pensée me saisit et me glace ?... Serait-il possible? Cette voix ne te serait-elle pas étrangère ?... Béatrice, tu étais... je tremble d'achever ma question... tu étais aux funérailles de mon père ?

BÉATRICE. Malheur à moi !

DON MANUEL. Tu étais présente ?

BÉATRICE. Ne t'irrite pas !

DON MANUEL. Malheureuse, tu étais là?

Beatrice.
Ich war zugegen.
Don Manuel.

Entsetzen!

Beatrice.
Die Begierde war zu mächtig!
Vergib mir! Ich gestand dir meinen Wunsch;
Doch, plötzlich ernst und finster, ließest du
Die Bitte fallen, und so schwieg auch ich.
Doch weiß ich nicht, welch bösen Sternes Macht
Mich trieb mit unbezwinglichem Gelüsten.
Des Herzens heißen Drang mußt' ich vergnügen;
Der alte Diener lieh mir seinen Beistand,
Ich war dir ungehorsam, und ich ging.
(Sie schmiegt sich an ihn, indem tritt Don Cesar herein, von dem ganzen
Chor begleitet.)

Beide Brüder. Beide Chöre. Beatrice.

Zweiter Chor (Bohemund) zu Don Cesar.
Du glaubst uns nicht — glaub' deinen eignen Augen!
Don Cesar
(tritt heftig ein und fährt beim Anblick seines Bruders mit Entsetzen
zurück).

Blendwerk der Hölle! Was? In seinen Armen!
(Näher tretend, zu Don Manuel.)
Giftvolle Schlange! Das ist deine Liebe!
Deßwegen logst du tückisch mir Versöhnung!
O, eine Stimme Gottes war mein Haß!
Fahre zur Hölle, falsche Schlangenseele!
(Er ersticht ihn.)

Don Manuel.
Ich bin des Todes — Beatrice! — Bruder!
(Er sinkt und stirbt. Beatrice fällt neben ihm ohnmächtig nieder.)

Erster Chor. (Cajetan.)
Mord! Mord! Herbei! Greift zu den Waffen Alle!
Mit Blut gerächet sei die blut'ge That!
(Alle ziehen die Degen.)

Zweiter Chor. (Bohemund.)
Heil uns! Der lange Zwiespalt ist geendigt.
Nur einem Herrscher jetzt gehorcht Messina.

BÉATRICE. J'étais présente.

DON MANUEL. Horreur !

BÉATRICE. Mon désir était trop puissant ! Pardonne-moi ! Je ne t'ai point caché mon vœu ; mais toi, grave et sombre, tu laissas tout d'abord tomber ma prière, et alors je me tus aussi. Mais je ne sais quel astre malfaisant me poussait par d'indomptables aspirations. Il me fallut satisfaire à l'ardente impulsion de mon cœur. Le vieux serviteur me prêta son assistance, je te désobéis et j'y allai. (Elle s'appuie sur lui d'un air caressant. A ce moment, don César entre, accompagné de tout le chœur.)

LES DEUX FRÈRES, LES DEUX CHŒURS, BÉATRICE.

LE SECOND CHŒUR (BOHÉMOND) à don César. Tu ne nous crois pas... crois-en tes propres yeux !

DON CÉSAR (entre impétueusement, et, à la vue de son frère, il recule avec horreur). Illusion de l'enfer ! Quoi ? Dans ses bras ! (A don Manuel, en s'approchant de lui.) Serpent gonflé de venin ! C'est là ton amour ! Voilà pourquoi tu me trompais par une perfide réconciliation ! Oh ! ma haine était la voix de Dieu ! Descends dans l'enfer, âme fausse de serpent ! (Il le perce.)

DON MANUEL. Je suis mort... Béatrice !... Frère ! (Il tombe et meurt. Béatrice tombe près de lui, évanouie.)

LE PREMIER CHŒUR. (GAÉTAN.) Au meurtre ! au meurtre ! Ici ! Saisissez tous vos armes ! Que ce crime sanglant soit vengé par le sang ! (Tous tirent leurs épées.)

LE SECOND CHŒUR. (BOHÉMOND.) Félicitons-nous ! La longue lutte est finie ; Messine désormais appartient à un seul maître.

Erster Chor. (Cajetan, Berengar, Manfred.)
Rache! Rache! Der Mörder falle! falle,
Ein sühnend Opfer dem Gemordeten!

Zweiter Chor. (Bohemund, Roger, Hippolyt.)
Herr, fürchte nichts, wir stehen treu zu dir!

Don Cesar (mit Ansehen zwischen sie tretend.)
Zurück — ich habe meinen Feind getödtet,
Der mein vertrauend redlich Herz betrog,
Die Bruderliebe mir zum Fallstrick legte.
Ein furchtbar gräßlich Ansehn hat die That,
Doch der gerechte Himmel hat gerichtet.

Erster Chor. (Cajetan.)
Weh dir, Messina! Wehe! Wehe! Wehe!
Das gräßlich Ungeheure ist geschehn
In deinen Mauern — Wehe deinen Müttern
Und Kindern, deinen Jünglingen und Greisen!
Und wehe der noch ungebornen Frucht!

Don Cesar.
Die Klage kommt zu spät — Hier schaffet Hilfe!
(Auf Beatricen zeigend.)
Ruft sie ins Leben! Schnell entfernet sie
Von diesem Ort des Schreckens und des Todes.
— Ich kann nicht länger weilen, denn mich ruft
Die Sorge fort um die geraubte Schwester.
— Bringt sie in meiner Mutter Schloß und sprecht:
Es sei ihr Sohn, Don Cesar, der sie sende!

(Er geht ab; die ohnmächtige Beatrice wird von dem zweiten Chor auf
eine Bank gesetzt und so hinweggetragen; der erste Chor bleibt bei
dem Leichnam zurück, um welchen auch die Knaben, die die Brautgeschenke tragen, in einem Halbkreise herumstehen.)

Chor. (Cajetan.)
Sagt mir! Ich kann's nicht fassen und deuten,
Wie es so schnell sich erfüllend genaht.
Längst wohl sah ich im Geist mit weiten
Schritten das Schreckensgespenst herschreiten
Dieser entsetzlichen, blutigen That.
Dennoch übergießt mich ein Grauen;
Da sie vorhanden ist und geschehen,
Da ich erfüllt muß vor Augen schauen,

LE PREMIER CHŒUR. (GAÉTAN, BÉRENGER, MANFRED.) Vengeance! vengeance! Que le meurtrier tombe! qu'il tombe, victime expiatoire immolée à sa victime!

LE SECOND CHŒUR. (BOHÉMOND, ROGER, HIPPOLYTE.) Seigneur, ne crains rien; nous te restons fidèles.

DON CÉSAR (s'avançant entre eux avec autorité). Arrière!... J'ai tué mon ennemi, celui qui trompait mon cœur loyal et confiant, et me dressait un piège d'amour fraternel. Cette action paraît terrible et affreuse, mais c'est le juste ciel qui a jugé.

LE PREMIER CHŒUR. (GAÉTAN.) Malheur à toi, Messine! malheur! malheur! Un horrible forfait s'est accompli dans tes murs... Malheur à tes mères et à tes enfants, à tes jeunes hommes et à tes vieillards! et malheur au fruit que le sein maternel porte encore!

DON CÉSAR. La plainte vient trop tard.... Apportez ici du secours! (Montrant Béatrice.) Rappelez-la à la vie! Éloignez-la promptement de ce lieu d'effroi et de mort.... Je ne puis demeurer plus longtemps. Ma sœur enlevée me réclame.... Conduisez-la dans le palais de ma mère, et dites que c'est son fils don César qui l'envoie. (Il s'en va. Béatrice évanouie est placée sur un brancard et emportée ainsi par les hommes du second chœur. Le premier chœur reste auprès du corps de don Manuel, autour duquel se rangent aussi, en demi-cercle, les jeunes garçons qui portent les parures nuptiales.)

LE CHŒUR. (GAÉTAN.) Dites-moi! Je ne puis m'expliquer ni concevoir comment ce dénouement fatal s'est si vite accompli. Depuis longtemps, sans doute, je voyais en esprit s'avancer à grands pas le terrible fantôme de ce crime affreux et sanglant. Cependant un frisson saisit tout mon être, quand le crime est là, commis et présent, quand il me faut contempler, accompli, sous mes yeux, ce que je ne voyais encore que dans les pressen-

Was ich in ahnender Furcht nur gesehen,
All mein Blut in den Adern erstarrt
Vor der gräßlich entschiedenen Gegenwart.

Einer aus dem Chore. (Manfred.)

Lasset erschallen die Stimme der Klage!
Holder Jüngling!
Da liegt er entseelt,
Hingestreckt in der Blüthe der Tage,
Schwer umfangen von Todesnacht,
An der Schwelle der bräutlichen Kammer!
Aber über dem Stummen erwacht
Lauter, unermeßlicher Jammer.

Ein Zweiter. (Cajetan.)

Wir kommen, wir kommen
Mit festlichem Prangen
Die Braut zu empfangen,
Es bringen die Knaben
Die reichen Gewande, die bräutlichen Gaben,
Das Fest ist bereitet, es warten die Zeugen;
Aber der Bräutigam höret nicht mehr,
Nimmer erweckt ihn der fröhliche Reigen,
Denn der Schlummer der Todten ist schwer.

Ganzer Chor.

Schwer und tief ist der Schlummer der Todten,
Nimmer erweckt ihn die Stimme der Braut,
Nimmer des Hifthorns fröhlicher Laut,
Starr und fühllos liegt er am Boden!

Ein Dritter. (Cajetan.)

Was sind Hoffnungen, was sind Entwürfe,
Die der Mensch, der vergängliche, baut?
Heute umarmtet ihr euch als Brüdre,
Einig gestimmt mit Herzen und Munde,
Diese Sonne, die jetzo nieder
Geht, sie leuchtete eurem Bunde!
Und jetzt liegst du, dem Staube vermählt,
Von des Brudermords Händen entseelt,
In dem Busen die gräßliche Wunde!
Was sind Hoffnungen, was sind Entwürfe,

timents de ma crainte. Tout mon sang se glace dans mes veines devant cette réalité affreuse et certaine.

UN HOMME DU CHŒUR. (MANFRED.) Laissez retentir la voix de la plainte !... Aimable jeune homme ! Le voilà étendu sans vie, immolé dans la fleur de ses jours ! Enveloppé de la nuit accablante du trépas, sur le seuil de la chambre nuptiale ! Mais sur sa muette dépouille s'éveille une lamentation bruyante, immense.

UN SECOND. (GAÉTAN.) Nous venons, nous venons, avec une pompe solennelle, pour recevoir l'épouse. Les pages apportent les riches étoffes, les dons d'hyménée. La fête est préparée, les témoins attendent ; mais le fiancé n'entend plus, jamais l'air joyeux de la danse ne l'éveillera, car le sommeil des morts est lourd.

TOUT LE CHŒUR. Le sommeil des morts est lourd et profond ; jamais ne l'éveillera la voix de la fiancée, jamais le son joyeux du cor. Il gît raide et insensible sur le sol.

UN TROISIÈME. (GAÉTAN.) Que sont les espérances, que sont les projets formés par l'homme périssable ? Aujourd'hui vous vous embrassiez en frères, intimement unis de cœur et de bouche ; ce même soleil qui se couche en ce moment éclairait votre accord ! Et maintenant, te voilà étendu, fiancé à la poussière, privé de vie par la main du fratricide, une affreuse blessure au sein ! Que sont

Die der Mensch, der flüchtige Sohn der Stunde,
Aufbaut auf dem betrüglichen Grunde?
                    Chor. (Berengar.)
Zu der Mutter will ich dich tragen,
Eine beglückende Last!
Diese Cypresse laßt uns zerschlagen
Mit der mörbrischen Schneide der Axt,
Eine Bahre zu flechten aus ihren Zweigen,
Nimmer soll sie Lebendiges zeugen
Die die tödtliche Frucht getragen,
Nimmer in fröhlichem Wuchs sich erheben,
Keinem Wandrer mehr Schatten geben;
Die sich genährt auf des Mordes Boden,
Soll verflucht sein zum Dienst der Todten!
                    Erster. (Cajetan.)
Aber wehe dem Mörder, wehe,
Der dahin geht in thörichtem Muth!
Hinab, hinab in der Erde Ritzen
Rinnet, rinnet, rinnet dein Blut.
Drunten aber im Tiefen sitzen
Lichtlos, ohne Gesang und Sprache,
Der Themis Töchter, die nie vergessen,
Die Untrüglichen, die mit Gerechtigkeit messen,
Fangen es auf in schwarzen Gefäßen,
Rühren und mengen die schreckliche Rache.
                    Zweiter. (Berengar.)
Leicht verschwindet der Thaten Spur
Von der sonnenbeleuchteten Erde,
Wie aus dem Antlitz die leichte Geberde —
Aber nichts ist verloren und verschwunden,
Was die geheimnißvoll waltenden Stunden
In den dunkel schaffenden Schooß aufnahmen —
Die Zeit ist eine blühende Flur,
Ein großes Lebendiges ist die Natur,
Und Alles ist Frucht, und Alles ist Samen.
                    Dritter. (Cajetan.)
Wehe, wehe dem Mörder, wehe,
Der sich gesät die tödtliche Saat!
Ein andres Antlitz, eh sie geschehen,

les espérances, que sont les projets que construit, sur un sol trompeur, l'homme, fils éphémère de l'heure présente ?

LE CHŒUR. (BÉRENGER.) Je veux te porter à ta mère, fardeau peu propre à la rendre heureuse ! Fendons ce cyprès, avec le tranchant meurtrier de la hache, pour former un brancard de ses rameaux. Il faut que jamais il ne produise rien de vivant, l'arbre qui a porté ces fruits de mort ; que jamais il n'élève dans les airs un riant sommet ; qu'il ne prête son ombre à nul voyageur ! Après s'être nourri dans le sol du meurtre, qu'il soit maudit, et consacré au service des morts !

LE PREMIER. (GAÉTAN.) Mais malheur, malheur au meurtrier qui s'avance, ivre d'une folle ardeur ! Ton sang coule, coule, coule, et descend dans les fentes de la terre. Mais là-dessous, dans les profondeurs ténébreuses, sont assises, sans parole ni chant, les filles de Thémis qui n'oublient jamais, jamais ne se trompent, et qui mesurent avec justice. Elles recueillent ce sang dans leurs noires urnes et agitent et mêlent la terrible vengeance.

LE SECOND. (BÉRENGER.) Sur cette terre éclairée du soleil, la trace des actions s'évanouit aisément, comme s'efface sur le visage une fugitive expression... mais rien n'est perdu ni évanoui de ce que les Heures, reines mystérieuses, recueillent dans leur sein qui crée en silence... Le temps est un champ fécond, la nature est un grand tout vivant, et tout est fruit et tout est semence.

LE TROISIÈME. (GAÉTAN.) Malheur, malheur au meurtrier, malheur à qui a semé la semence de mort ! Autre est l'aspect de

Ein anderes zeigt die vollbrachte That.
Muthvoll blickt sie und kühn dir entgegen,
Wenn der Rache Gefühle den Busen bewegen;
Aber ist sie geschehn und begangen,
Blickt sie dich an mit erbleichenden Wangen.
Selber die schrecklichen Furien schwangen
Gegen Orestes die höllischen Schlangen,
Reizten den Sohn zu dem Muttermord an;
Mit der Gerechtigkeit heiligen Zügen
Wußten sie listig sein Herz zu betrügen,
Bis er die tödtliche That nun gethan —
Aber, da er den Schooß jetzt geschlagen,
Der ihn empfangen und liebend getragen,
Siehe, da kehrten sie
Gegen ihn selber
Schrecklich sich um —
Und er erkannte die furchtbaren Jungfraun,
Die den Mörder ergreifend fassen,
Die von jetzt an ihn nimmer lassen,
Die ihn mit ewigem Schlangenbiß nagen,
Die von Meer zu Meer ihn ruhelos jagen
Bis in das delphische Heiligthum.

(Der Chor geht ab, den Leichnam Don Manuels auf einer Bahre tragend.)

Die Säulenhalle.

Es ist Nacht; die Scene ist von oben herab durch eine große Lampe erleuchtet.

Donna Isabella und Diego treten auf.

Isabella.

Noch keine Kunde kam von meinen Söhnen,
Ob eine Spur sich fand von der Verlornen?

Diego.

Noch nichts, Gebieterin! — doch hoffe alles
Von deiner Söhne Ernst und Emsigkeit.

Isabella.

Wie ist mein Herz geängstiget, Diego!
Es stand bei mir, dies Unglück zu verhüten.

Diego.

Drück' nicht des Vorwurfs Stachel in dein Herz.
An welcher Vorsicht ließest du's ermangeln?

l'action, avant qu'elle soit faite ; autre, quand elle est accomplie. Elle t'apparaît courageuse et hardie, quand les désirs de vengeance agitent ton sein ; mais, une fois faite et commise, elle te regarde avec des joues qui se décolorent. Les Furies elles-mêmes, les Furies terribles agitaient contre Oreste leurs serpents infernaux, elles excitaient le fils au meurtre de sa mère. Sous les traits sacrés de la justice, elles surent tromper perfidement son cœur, jusqu'à ce qu'enfin il eût fait l'action meurtrière...., Mais quand il a frappé le sein qui l'a conçu et porté avec amour, alors, voyez ! elles se retournent, affreuses, contre lui-même... et il reconnaît les vierges redoutables, qui saisissent et étreignent le meurtrier, qui désormais ne le quittent plus, qui le rongent par d'éternelles morsures de serpents, qui d'une mer à l'autre le chassent sans repos, jusque dans le sanctuaire de Delphes. (Le chœur sort, portant sur un brancard le corps de don Manuel.)

LA SALLE AVEC DES COLONNES.

Il fait nuit. La scène est éclairée d'en haut par une grande lampe.

DONNA ISABELLA et DIÉGO (entrent).

ISABELLA. Il n'est encore venu aucune nouvelle de mes fils qui nous apprenne s'il s'est trouvé quelque trace de ma fille ?

DIÉGO. Rien encore, ma souveraine... mais tu peux tout espérer du zèle et de l'empressement de tes fils.

ISABELLA. Que mon cœur est inquiet, Diégo ! Il dépendait de moi de prévenir ce malheur.

DIÉGO. N'enfonce pas dans ton cœur l'aiguillon du reproche. Quelle précaution as-tu négligée ?

Isabella.

Hätt' ich sie früher an das Licht gezogen,
Wie mich des Herzens Stimme mächtig trieb!

Diego.

Die Klugheit wehrte dir's, du thatest weise;
Doch der Erfolg ruht in des Himmels Hand.

Isabella.

Ach, so ist keine Freude rein! Mein Glück
Wär' ein vollkommnes ohne diesen Zufall.

Diego.

Dies Glück ist nur verzögert, nicht zerstört,
Genieße du jetzt deiner Söhne Frieden.

Isabella.

Ich habe sie einander Herz an Herz
Umarmen sehn — ein nie erlebter Anblick!

Diego.

Und nicht ein Schauspiel bloß, es ging von Herzen,
Denn ihr Geradsinn haßt der Lüge Zwang.

Isabella.

Ich seh' auch, daß sie zärtlicher Gefühle,
Der schönen Neigung fähig sind; mit Wonne
Entdeck' ich, daß sie ehren, was sie lieben.
Der ungebundnen Freiheit wollen sie
Entsagen, nicht dem Zügel des Gesetzes
Entzieht sich ihre brausend wilde Jugend,
Und sittlich selbst blieb ihre Leidenschaft.
Ich will dir's jetzo gern gestehn, Diego,
Daß ich mit Sorge diesem Augenblick,
Der aufgeschloßnen Blume des Gefühls
Mit banger Furcht entgegen sah — Die Liebe
Wird leicht zur Wuth in heftigen Naturen.
Wenn in den aufgehäuften Feuerzunder
Des alten Hasses auch noch dieser Blitz,
Der Eifersucht feindsel'ge Flamme schlug —
Mir schaudert, es zu denken — ihr Gefühl,
Das niemals einig war, gerade hier
Zum erstenmal unselig sich begegnet —
Wohl mir! Auch diese donnerschwere Wolke,
Die über mir schwarz drohend niederhing,

LA FIANCÉE DE MESSINE.

ISABELLA. Que ne l'ai-je plus tôt fait paraître à la lumière, comme m'y poussait la voix puissante de mon cœur!

DIÉGO. La prudence te le défendait, tu as fait sagement; mais le résultat repose dans la main de Dieu.

ISABELLA. Ah! nulle joie n'est donc pure! Mon bonheur serait parfait, sans ce triste hasard.

DIÉGO. Le bonheur n'est que différé, il n'est pas détruit. Jouis maintenant de la paix de tes fils.

ISABELLA. Je les ai vus se presser cœur contre cœur... vue dont jamais je n'avais joui.

DIÉGO. Et ce n'était pas simplement un spectacle, cela venait du cœur, car leur droiture abhorre la contrainte du mensonge.

ISABELLA. Je vois aussi qu'ils sont capables de sentiments tendres, d'un doux penchant. Je découvre avec bonheur qu'ils honorent ce qu'ils aiment. Ils veulent renoncer à l'indépendante liberté; leur fougueuse et bouillante jeunesse ne se dérobe pas au frein de la loi, et même leur passion est restée vertueuse. Je puis te l'avouer maintenant, Diégo : je voyais avec anxiété venir ce moment où devait s'épanouir dans leurs cœurs la fleur d'amour.... L'amour devient aisément fureur dans les natures emportées. Si sur ces matières inflammables dès longtemps amassées, sur cette vieille haine, venait tomber encore cet éclair, cette funeste flamme de la jalousie... je frissonne en y songeant... si leurs sentiments qui jamais ne furent d'accord, se rencontraient ici, par malheur, pour la première fois.... Grâces au ciel! ce nuage, gros de tonnerres, qui flottait au-dessus de

Sie führte mir ein Engel still vorüber,
Und leicht nun athmet die befreite Brust.

Diego.

Ja, freue deines Werkes dich. Du hast
Mit zartem Sinn und ruhigem Verstand
Vollendet, was der Vater nicht vermochte
Mit aller seiner Herrschermacht — Dein ist
Der Ruhm; doch auch dein Glücksstern ist zu loben!

Isabella.

Vieles gelang mir! Viel auch that das Glück!
Nichts Kleines war es, solche Heimlichkeit
Verhüllt zu tragen diese langen Jahre,
Den Mann zu täuschen, den umsichtigsten
Der Menschen und ins Herz zurückzudrängen
Den Trieb des Bluts, der mächtig, wie des Feuers
Verschlossner Gott, aus seinen Banden strebte!

Diego.

Ein Pfand ist mir des Glückes lange Gunst,
Daß alles sich erfreulich lösen wird.

Isabella.

Ich will nicht eher meine Sterne loben,
Bis ich das Ende dieser Thaten sah.
Daß mir der böse Genius nicht schlummert,
Erinnert warnend mich der Tochter Flucht
— Schilt oder lobe meine That, Diego!
Doch dem Getreuen will ich nichts verbergen.
Nicht tragen konnt' ich's hier in müß'ger Ruh
Zu harren des Erfolgs, indeß die Söhne
Geschäftig forschen nach der Tochter Spur.
Gehandelt hab' auch ich — Wo Menschenkunst
Nicht zureicht, hat der Himmel oft gerathen.

Diego.

Entdecke mir, was mir zu wissen ziemt.

Isabella.

Einsiedelnd auf des Aetna Höhen haust
Ein frommer Klausner, von Uralters her
Der Greis genannt des Berges, welcher, näher
Dem Himmel wohnend, als der andern Menschen
Tief wandelndes Geschlecht, den ird'schen Sinn

moi, sombre et menaçant, un ange l'a fait passer sans bruit par
delà ma tête, et maintenant ma poitrine soulagée respire librement.

DIÉGO. Oui, réjouis-toi de ton propre ouvrage. Tu as accompli,
par un sentiment tendre et une calme raison, ce que leur père
n'avait pu par toute sa puissance souveraine.... A toi est la gloire,
mais il faut bénir aussi ton heureuse étoile !

ISABELLA. Beaucoup d'efforts m'ont réussi ! La fortune aussi a
beaucoup fait ! Ce n'était pas peu de chose de garder caché
pendant tant d'années un tel mystère, de tromper un époux, le
plus circonspect des hommes, et de refouler dans mon cœur la
force du sang, qui, comme le dieu du feu si on l'emprisonne,
s'efforçait d'échapper à la contrainte.

DIÉGO. Cette longue faveur de la fortune est pour moi le gage
d'un dénouement heureux de tout point.

ISABELLA. Je ne veux pas louer mon étoile avant d'avoir vu la
fin de ce qui s'est fait. La fuite de ma fille m'avertit que, pour
moi, le mauvais génie ne dort pas encore.... Blâme ou loue mon
action, Diégo ! mais je ne veux rien cacher à ta fidélité. Je n'ai
pu supporter d'attendre ici l'événement, dans un oisif repos, pendant que mes fils cherchent activement la trace de leur sœur....
J'ai voulu agir aussi.... Où l'art humain ne suffit pas, souvent le
ciel a aidé.

DIÉGO. Découvre-moi ce qu'il m'appartient de savoir.

ISABELLA. Dans un ermitage, sur les hauteurs de l'Etna, habite
un pieux solitaire, appelé, dès les plus anciens temps, le vieillard de la montagne. Demeurant plus près du ciel que la race
des autres hommes, qui errent dans les basses régions, il a

In leichter, reiner Aetherluft geläutert
Und von dem Berg der aufgewälzten Jahre
Hinabsieht in das aufgelöste Spiel
Des unverständlich krummgewundnen Lebens.
Nicht fremd ist ihm das Schicksal meines Hauses,
Oft hat der heil'ge Mann für uns den Himmel
Gefragt und manchen Fluch hinweggebetet.
Zu ihm hinauf gesandt hab' ich alsbald
Des raschen Boten jugendliche Kraft,
Daß er mir Kunde von der Tochter gebe,
Und stündlich harr' ich dessen Wiederkehr.

Diego.

Trügt mich mein Auge nicht, Gebieterin,
So ist's derselbe, der dort eilend naht,
Und Lob fürwahr verdient der Emsige!

Bote. Die Vorigen.

Isabella.

Sag' an und weder Schlimmes hehle mir
Noch Gutes, sondern schöpfe rein die Wahrheit!
Was gab der Greis des Bergs dir zum Bescheide?

Bote.

Ich soll mich schnell zurückbegeben, war
Die Antwort, die Verlorne sei gefunden.

Isabella.

Glückfel'ger Mund, erfreulich Himmelswort,
Stets hast du das Erwünschte mir verkündet!
Und welchem meiner Söhne war's verliehen,
Die Spur zu finden der Verlornen?

Bote.

Die Tiefverborgne fand dein ältster Sohn.

Isabella.

Don Manuel ist es, dem ich sie verdanke!
Ach, stets war dieser mir ein Kind des Segens!
— Hast du dem Greis auch die geweihte Kerze
Gebracht, die zum Geschenk ich ihm gesendet,
Sie anzuzünden seinem Heiligen?
Denn, was von Gaben sonst der Menschen Herzen
Erfreut, verschmäht der fromme Gottesdiener.

épuré ses terrestres pensées dans un air léger, un éther serein, et du sommet de ses ans amoncelés, il voit, démêlé à ses yeux, le jeu inintelligible de la vie tortueuse. Le destin de ma maison ne lui est pas étranger : souvent le saint homme a pour nous interrogé le ciel et détourné par ses prières plus d'une malédiction. J'ai envoyé vers lui, sans retard, aux hauteurs qu'il habite, un jeune et rapide messager, pour qu'il me donne des nouvelles de ma fille, et à toute heure j'attends son retour.

DIÉGO. Si mes yeux ne me trompent pas, ma souveraine, c'est lui-même qui approche en toute hâte, et sa diligence mérite assurément des éloges.

LE MESSAGER, LES PRÉCÉDENTS.

ISABELLA. Parle, ne me cache ni mal ni bien ; mais manifeste la pure vérité. Quelle réponse t'a donnée le vieillard de la montagne ?

LE MESSAGER. « Retourne promptement, m'a-t-il dit ; celle qui était perdue est retrouvée. »

ISABELLA. Heureuse voix ! joyeuse parole du ciel, toujours tu m'as annoncé ce que je souhaitais ! Et auquel de mes fils a-t-il été donné de trouver la trace de celle qui était perdue ?

LE MESSAGER. Ton fils aîné l'a découverte dans sa retraite profonde.

ISABELLA. C'est à don Manuel que je la dois ! Ah ! toujours il fut pour moi un enfant de bénédiction..... As-tu aussi porté au vieillard le cierge bénit que je lui envoyais en présent, pour le brûler devant son saint ? Car les dons qui réjouissent le cœur des autres hommes, ce pieux serviteur de Dieu les dédaigne.

Bote.

Die Kerze nahm er schweigend von mir an,
Und zum Altar hintretend, wo die Lampe
Dem Heil'gen brannte, zündet er sie flugs
Dort an, und schnell in Brand steckt' er die Hütte,
Worin er Gott verehrt seit neunzig Jahren.

Isabella.

Was sagst du, welches Schreckniß nennst du mir?

Bote.

Und dreimal Wehe! Wehe! rufend, stieg er
Herab vom Berg; mir aber winkt' er schweigend,
Ihm nicht zu folgen, noch zurückzuschauen.
Und so, gejagt von Grausen, eilt' ich her!

Isabella.

In neuer Zweifel wogende Bewegung
Und ängstlich schwankende Verworrenheit
Stürzt mich das Widersprechende zurück.
Gefunden sei mir die verlorne Tochter
Von meinem ältsten Sohn Don Manuel?
Die gute Rede kann mir nicht gedeihen,
Begleitet von der unglückfel'gen That.

Bote.

Blick hinter dich, Gebieterin, Du siehst
Des Klausners Wort erfüllt vor deinen Augen;
Denn alles müßt' mich trügen, oder dies
Ist die verlorne Tochter, die du suchst,
Von deiner Söhne Ritterschaar begleitet.

(Beatrice wird von dem zweiten Halbchor auf einem Tragseffel gebracht
und auf der vordern Bühne niedergesetzt. Sie ist noch ohne Leben und
Bewegung.

Isabella. Diego, Bote. Beatrice. Chor. (Bohemund, Roger,
Hippolyt und die neun andern Ritter Don Cesars.)

Chor. (Bohemund.)

Des Herrn Geheiß erfüllend setzen wir
Die Jungfrau hier zu deinen Füßen nieder,
Gebieterin! — Also befahl er uns
Zu thun und dir zu melden dieses Wort:
Es sei dein Sohn Don Cesar, der sie sende!

LE MESSAGER. Il a pris, en silence, le cierge, de mes mains, et, allant à l'autel où brûlait la lampe en l'honneur du saint, il l'y a rapidement allumé et a mis soudain le feu à la cabane où il honore Dieu depuis quatre-vingt-dix ans.

ISABELLA. Que dis-tu là ? Quelle horreur m'apprends-tu ?

LE MESSAGER. Et, criant trois fois : malheur! malheur ! malheur! il est descendu de la montagne, me faisant signe, sans parole, de ne pas le suivre, de ne pas regarder en arrière, et alors, chassé par l'épouvante, je suis accouru ici.

ISABELLA. Ce message contradictoire me jette dans la flottante émotion du doute et dans une angoisse incertaine et confuse. Ma fille perdue a été trouvée, dit-il, par mon fils aîné, don Manuel ? Cette bonne parole ne peut me faire de bien, accompagnée qu'elle est de cette action funeste.

LE MESSAGER. Regarde derrière toi, ma souveraine ! Tu vois la réponse du solitaire accomplie sous tes yeux ; car tout me trompe, ou c'est la fille perdue que tu cherches et que te ramènent les chevaliers compagnons de tes fils. (Béatrice est apportée sur un brancard par le second demi-chœur et déposée sur le devant de la scène. Elle est encore inanimée et immobile.)

ISABELLA, DIÉGO, LE MESSAGER, BÉATRICE, LE CHŒUR (BOHÉMOND, ROGER, HIPPOLYTE, et les neuf autres chevaliers de DON CÉSAR.

LE CHŒUR. (BOHÉMOND.) Accomplissant l'ordre de notre maître, nous déposons ici la jeune fille à tes pieds, princesse!... C'est ce qu'il nous a commandé de faire, et en même temps de te dire que c'est ton fils don César qui l'envoie.

Isabella.

(ist mit ausgebreiteten Armen auf sie zugeeilt und tritt mit Schrecken zurück).

O Himmel! Sie ist bleich und ohne Leben!

Chor. (Bohemund.)

Sie lebt! Sie wird erwachen! Gönn' ihr Zeit!
Von dem Erstaunlichen sich zu erholen,
Das ihre Geister noch gebunden hält.

Isabella.

Mein Kind, Kind meiner Schmerzen, meiner Sorgen!
So sehen wir uns wieder! So mußt du
Den Einzug halten in des Vaters Haus!
O, laß an meinem Leben mich das deinige
Anzünden! An die mütterliche Brust
Will ich dich pressen, bis, vom Todesfrost
Gelöst, die warmen Adern wieder schlagen!

(Zum Chor.)

O, sprich! Welch Schreckliches ist hier geschehn?
Wo fandst du sie? Wie kam das theure Kind
In diesen kläglich jammervollen Zustand?

Chor. (Bohemund.)

Erfahr' es nicht von mir, mein Mund ist stumm.
Dein Sohn Don Cesar wird dir alles deutlich
Verkündigen, denn er ist's, der sie sendet.

Isabella.

Mein Sohn Don Manuel, so willst du sagen?

Chor. (Bohemund.)

Dein Sohn Don Cesar sendet sie dir zu.

Isabella (zu dem Boten.)

War's nicht Don Manuel, den der Seher nannte?

Bote.

So ist es, Herrin, das war seine Rede.

Isabella.

Welcher es sei, er hat mein Herz erfreut;
Die Tochter dank' ich ihm, er sei gesegnet!
O, muß ein neid'scher Dämon mir die Wonne
Des heißerflehten Augenblicks verbittern!
Ankämpfen muß ich gegen mein Entzücken!
Die Tochter seh' ich in des Vaters Haus,

ISABELLA(s'est élancée vers elle les bras ouverts, et recule avec effroi).
O ciel ! elle est pâle et sans vie !

LE CHŒUR. (BOHÉMOND.) Elle vit ! elle s'éveillera ! Donne-lui le
temps de se remettre du spectacle saisissant qui tient encore ses
sens enchaînés.

ISABELLA. Mon enfant ! enfant de mes douleurs, de mes soucis !
C'est ainsi que nous nous revoyons ! C'est ainsi qu'il te faut faire
ton entrée dans la maison de ton père. Oh ! laisse-moi rallumer
ta vie à la mienne ! Je veux te presser sur le sein maternel, jusqu'à ce que, délivrées de ce froid de la mort, tes artères se raniment et recommencent à battre. (Au chœur.) Oh ! parle, que
s'est-il passé de terrible ? Où l'as-tu trouvée ? Comment cette
chère enfant est-elle tombée dans cet état triste et lamentable ?

LE CHŒUR. (BOHÉMOND.) Ne l'apprends pas de moi, ma bouche
est muette. Ton fils don César te révélera tout clairement, car
c'est lui qui l'envoie.

ISABELLA. Mon fils don Manuel, veux-tu dire ?

LE CHŒUR. (BOHÉMOND.) C'est ton fils don César qui te l'envoie.

ISABELLA (au Messager). N'est-ce pas don Manuel que le voyant
t'a nommé ?

LE MESSAGER. Oui, ma maîtresse, c'est le nom qu'il a prononcé.

ISABELLA. Qui que ce soit, il a réjoui mon cœur, je lui dois
ma fille, qu'il soit béni ! Oh ! faut-il qu'un démon jaloux m'em-
poisonne ce moment de bonheur si ardemment désiré ! Il faut que
je réprime mon transport. Je vois ma fille dans la maison de son

Sie aber sieht nicht mich, vernimmt mich nicht,
Sie kann der Mutter Freude nicht erwiedern.
O, öffnet euch, ihr lieben Augenlichter!
Erwärmet euch, ihr Hände! Hebe dich,
Lebloser Busen, und schlage der Lust!
Diego! Das ist meine Tochter — Das
Die Langverborgne, die Gerettete,
Vor aller Welt kann ich sie jetzt erkennen!

Chor. (Bohemund.)

Ein seltsam neues Schreckniß glaub' ich ahnend
Vor mir zu sehn und stehe wundernd, wie
Das Irrsal sich entwirren soll und lösen.

Isabella
(zum Chor, der Bestürzung und Verlegenheit ausdrückt).

O, ihr seid undurchdringlich harte Herzen!
Vom ehrnen Harnisch eurer Brust, gleichwie
Von einem schroffen Meeresfelsen, schlägt
Die Freude meines Herzens mir zurück!
Umsonst in diesem ganzen Kreis umher
Späh' ich nach einem Auge, das empfindet.
Wo weilen meine Söhne, daß ich Antheil
In einem Auge lese; denn mir ist,
Als ob der Wüste unmitleid'ge Schaaren,
Des Meeres Ungeheuer mich umständen!

Diego.

Sie schlägt die Augen auf! Sie regt sich, lebt!

Isabella.

Sie lebt! Ihr erster Blick sei auf die Mutter!

Diego.

Das Auge schließt sich schaudernd wieder zu.

Isabella (zum Chor).

Weichet zurück! Sie schreckt der fremde Anblick.

Chor (tritt zurück). (Bohemund.)

Gern meid' ich's, ihrem Blicke zu begegnen.

Diego.

Mit großen Augen mißt sie staunend dich.

Beatrice.

Wo bin ich? Diese Züge sollt' ich kennen.

père ; mais elle ne me voit pas, ne m'entend pas ; elle ne peut répondre à la joie de sa mère. Oh! ouvrez-vous, chers yeux ! Réchauffez-vous, mains de mon enfant! Soulève-toi, sein inanimé, et palpite de joie ! Diégo, c'est ma fille... ma fille longtemps cachée, sauvée enfin ; je puis maintenant la reconnaître devant le monde entier.

LE CHŒUR. (BOHÉMOND.) Je pressens, je crois voir devant moi un nouveau sujet d'étrange horreur, et je me demande stupéfait comment cette erreur va se dénouer et s'expliquer.

ISABELLA (au chœur, qui exprime la consternation et l'embarras). Oh ! vous êtes des cœurs durs et impénétrables ! Pareille aux rocs escarpés de la mer, votre poitrine, avec sa cuirasse d'airain, repousse et me renvoie la joie de mon cœur. En vain, dans tout ce cercle, autour de moi, j'épie et cherche un regard sensible. Où restent mes fils, que je lise la sympathie dans les yeux de quelqu'un ? Car je me sens ici comme entourée des bêtes impitoyables du désert ou des monstres de l'Océan !

DIÉGO. Elle ouvre les yeux ! Elle se meut elle vit !

ISABELLA. Elle vit ! Que son premier regard rencontre sa mère !

DIÉGO. Elle referme les yeux avec effroi.

ISABELLA (au chœur). Reculez ! votre aspect, qui lui est étranger, l'épouvante.

LE CHŒUR (recule). (BOHÉMOND.) J'éviterai volontiers de rencontrer son regard.

DIÉGO. Elle te mesure d'un regard étonné.

BÉATRICE. Où suis-je ? Je devrais connaître ces traits.

Isabella.

Langsam kehrt die Besinnung zurück.

Diego.

Was macht sie? Auf die Kniee senkt sie sich.

Beatrice.

O, schönes Engelsantlitz meiner Mutter!

Isabella.

Kind meines Herzens! Komm in meine Arme!

Beatrice.

Zu deinen Füßen sieh die Schuldige.

Isabella.

Ich habe dich wieder! Alles sei vergessen.

Diego.

Betracht' auch mich! Erkennst du meine Züge?

Beatrice.

Des redlichen Diego greises Haupt!

Isabella.

Der treue Wächter deiner Kinderjahre.

Beatrice.

So bin ich wieder im Schooß der Meinen?

Isabella.

Und nichts soll uns mehr scheiden, als der Tod.

Beatrice.

Du willst mich nicht mehr in die Fremde stoßen?

Isabella.

Nichts trennt uns mehr, das Schicksal ist befriedigt.

Beatrice (sinkt an ihre Brust).

Und find' ich wirklich mich an deinem Herzen?
Und Alles war ein Traum, was ich erlebte?
Ein schwerer, fürchterlicher Traum — O Mutter!
Ich sah ihn todt zu meinen Füßen fallen!
— Wie komm' ich aber hieher? Ich besinne
Mich nicht — Ach, wohl mir, wohl, daß ich gerettet
In deinen Armen bin! Sie wollten mich
Zur Fürstin Mutter von Messina bringen.
Eher ins Grab!

Isabella.

Komm zu dir, meine Tochter!

Messina's Fürstin —

ISABELLA. Le sentiment lui revient peu à peu.

DIÉGO. Que fait-elle? Elle se jette à genoux.

BÉATRICE. O belle et angélique figure de ma mère!

ISABELLA. Enfant de mon cœur! viens dans mes bras!

BÉATRICE. Vois à tes pieds la coupable.

ISABELLA. Tu m'es rendue! que tout soit oublié!

DIÉGO. Regarde-moi aussi! Reconnais-tu mes traits?

BÉATRICE. La tête blanche du loyal Diégo!

ISABELLA. Le fidèle gardien de ton enfance.

BÉATRICE. Ainsi je me retrouve au sein des miens?

ISABELLA. Et rien ne peut plus nous séparer que la mort.

BÉATRICE. Tu ne veux plus me bannir dans une demeure étrangère?

ISABELLA. Rien ne nous séparera désormais, le destin est apaisé.

BÉATRICE (se jette sur son sein). Et suis-je en effet sur ton cœur? Et tout ce que j'ai éprouvé n'était qu'un songe, un songe accablant et terrible... O ma mère! je l'ai vu tomber mort à mes pieds!... Mais comment suis-je venue ici? Je ne me souviens pas... Ah! que je suis heureuse d'être ainsi sauvée, et dans tes bras! Ils voulaient me conduire à la princesse de Messine. Plutôt dans la tombe!

ISABELLA. Reviens à toi, ma fille! La princesse de Messine...

Beatrice.

Nenne sie nicht mehr!
Mir gießt sich bei dem unglücksel'gen Namen
Ein Frost des Todes durch die Glieder.

Isabella.

Höre mich.

Beatrice.

Sie hat zwei Söhne, die sich tödtlich hassen;
Don Manuel, Don Cesar nennt man sie.

Isabella.

Ich bin's ja selbst! Erkenne deine Mutter!

Beatrice.

Was sagst du? Welches Wort hast du geredet?

Isabella.

Ich, deine Mutter, bin Messinas Fürstin.

Beatrice.

Du bist Don Manuels Mutter und Don Cesars?

Isabella.

Und deine Mutter! Deine Brüder nennst du!

Beatrice.

Weh, weh mir! O, entsetzensvolles Licht!

Isabella.

Was ist dir? Was erschüttert dich so seltsam?

Beatrice (wild um sich her schauend, erblickt den Chor).

Das sind sie, ja! Jetzt, jetzt erkenn' ich sie.
Mich hat kein Traum getäuscht — Die sind's! Die waren
Zugegen — es ist fürchterliche Wahrheit!
Unglückliche, wo habt ihr ihn verborgen?

(Sie geht mit heftigem Schritt auf den Chor zu, der sich von ihr ab-
wendet. Ein Trauermarsch läßt sich in der Ferne hören.)

Chor.

Wehe! Wehe!

Isabella.

Wen verborgen? Was ist wahr?
Ihr schweigt bestürzt — Ihr scheint sie zu verstehn.
Ich les' in euren Augen, eurer Stimme
Gebrochnen Tönen etwas Unglücksel'ges,
Das mir zurückgehalten wird — Was ist's?
Ich will es wissen. Warum heftet ihr

BÉATRICE. Ne me la nomme plus ! A ce nom funeste, un frisson de mort se répand dans tous mes membres.

ISABELLA. Écoute-moi.

BÉATRICE. Elle a deux fils qui se haïssent mortellement ; on les nomme don Manuel et don César.

ISABELLA. Mais c'est moi-même ! Reconnais ta mère.

BÉATRICE. Que dis-tu ? Quelle parole as-tu prononcée ?

ISABELLA. C'est moi, ta mère, qui suis la princesse de Messine.

BÉATRICE. Tu es la mère de don Manuel et de don César ?

ISABELLA. Et ta mère à toi ! Tu nommes tes frères !

BÉATRICE. Malheur, malheur à moi ! O lumière affreuse !

ISABELLA. Qu'as-tu donc ? Qu'est-ce qui te trouble si étrangement ?

BÉATRICE (regardant autour d'elle d'un œil égaré, aperçoit le chœur). Ce sont eux, oui ! Maintenant, maintenant, je les reconnais... Ce n'est pas un songe qui m'a trompée... Ce sont eux ! Ils étaient là... C'est une horrible vérité ! Malheureux, où l'avez-vous caché ? (Elle s'avance impétueusement vers le chœur, qui se détourne d'elle. Une marche funèbre se fait entendre dans le lointain.)

LE CHŒUR. Malheur ! malheur !

ISABELLA. Caché, qui ? Qu'est-ce qui est vrai ? Vous vous taisez, consternés... Vous paraissez la comprendre. Je lis dans vos yeux, dans les sons brisés de votre voix, quelque chose de funeste que l'on me cache... Qu'est-ce ? Je veux le savoir. Pourquoi tournez-

So schreckenvolle Blicke nach der Thüre?
Und was für Töne hör' ich da erschallen?

Chor. (Bohemund.)

Es naht sich! Es wird sich mit Schrecken erklären.
Sei stark, Gebieterin, stähle dein Herz!
Mit Fassung ertrage, was dich erwartet,
Mit männlicher Seele den tödtlichen Schmerz!

Isabella.

Was naht sich? Was erwartet mich? — Ich höre
Der Todtenklage fürchterlichen Ton
Das Haus durchdringen — Wo sind meine Söhne?

(Der erste Halbchor bringt den Leichnam Don Manuels auf einer Bahre
getragen, die er auf der leer gelassenen Seite der Scene niedersetzt.
Ein schwarzes Tuch ist darüber gebreitet.)

Isabella. Beatrice. Diego. Beide Chöre.

Erster Chor. (Cajetan.

Durch die Straßen der Städte,
Vom Jammer gefolget,
Schreitet das Unglück —
Lauernd umschleicht es
Die Häuser der Menschen,
Heute an dieser
Pforte pocht es,
Morgen an jener,
Aber noch keinen hat es verschont.
Die unerwünschte,
Schmerzliche Botschaft,
Früher oder später,
Bestellt es an jeder
Schwelle, wo ein Lebendiger wohnt.

(Berengar.)

Wenn die Blätter fallen
In des Jahres Kreise,
Wenn zum Grabe wallen
Entnervte Greise,
Da gehorcht die Natur

vous vers la porte des regards si pleins d'effroi? Et qu'est-ce que ces sons qui frappent mon oreille?

LE CHŒUR. (BOHÉMOND.) Cela approche! Le mystère va s'éclaircir affreusement. Sois forte, ma souveraine, trempe ton cœur! Supporte avec courage ce qui t'attend, avec une âme virile cette mortelle douleur!

ISABELLA. Qu'est-ce qui approche? Qu'est-ce qui m'attend?... J'entends le son terrible de la plainte funèbre retentir dans le palais... Où sont mes fils? (Le premier demi-chœur apporte le corps de don Manuel sur un brancard, qu'il dépose sur le côté de la scène qui est resté vide. Un drap noir est étendu par-dessus.)

ISABELLA, BÉATRICE, DIÉGO, LES DEUX CHŒURS.

LE PREMIER CHŒUR. (GAÉTAN.) A travers les rues des cités, le malheur se promène, suivi de la plainte... Il rôde, épiant du regard, autour des maisons des hommes. Aujourd'hui, il frappe à cette porte; demain, à celle-là; mais il n'a encore épargné personne. Tôt ou tard il s'acquitte de son triste et redouté message, à chaque seuil où habite un vivant.

(BÉRENGER.) Quand les feuilles tombent dans le cours de l'année, quand des vieillards épuisés descendent au tombeau, la na-

Ruhig nur
Ihrem alten Gesetze,
Ihrem ewigen Brauch,
Da ist nichts, was den Menschen entsetze!
    Aber das Ungeheure auch
Lerne erwarten im irdischen Leben!
Mit gewaltsamer Hand
Löset der Mord auch das heiligste Band.
In sein stygisches Boot
Raffet der Tod
Auch der Jugend blühendes Leben!

                              (Cajetan.)

    Wenn die Wolken getürmt den Himmel schwärzen,
Wenn dumpftosend der Donner hallt,
Da, da fühlen sich alle Herzen
In des furchtbaren Schicksals Gewalt.
Aber auch aus entwölkter Höhe
Kann der zündende Donner schlagen,
Darum in deinen fröhlichen Tagen
Fürchte des Unglücks tückische Nähe!
Nicht an die Güter hänge dein Herz,
Die das Leben vergänglich zieren!
Wer besitzt, der lerne verlieren,
Wer im Glück ist, der lerne den Schmerz!

                    Isabella.

Was soll ich hören? Was verhüllt dies Tuch?

(Sie macht einen Schritt gegen die Bahre, bleibt aber unschlüssig
zaudernd stehen.)

Es zieht mich grausend hin und zieht mich schaudernd
Mit dunkler, kalter Schreckenshand zurück.

    (Zu Beatrice, welche sich zwischen sie und die Bahre geworfen.)

Laß mich! Was es auch sei, ich will's enthüllen!

    (Sie hebt das Tuch auf und entdeckt Don Manuels Leichnam.)

O himmlische Mächte, es ist mein Sohn!

(Sie bleibt mit starrem Entsetzen stehen — Beatrice sinkt mit einem
Schrei des Schmerzens neben der Bahre nieder.)

            Chor. (Cajetan. Berengar. Manfred.)

Unglückliche Mutter! es ist dein Sohn!

ture ne fait qu'obéir paisiblement à son antique loi, à son éternel usage : il n'y a rien là qui épouvante l'homme !

Mais apprends aussi à attendre, dans cette vie terrestre, des prodiges de malheur. Le meurtre, de sa main violente, brise jusqu'aux nœuds les plus saints. La mort entraîne aussi dans sa barque du Styx la vie florissante de la jeunesse.

(GAÉTAN.) Quand les nuages amoncelés noircissent le ciel, quand le tonnerre retentit avec un sourd fracas, alors, alors tous les cœurs se sentent au pouvoir du destin terrible. Mais la foudre qui embrase peut tomber aussi d'un ciel sans nuages. Ainsi, dans tes jours de joie, crains la perfide approche du malheur ; n'attache pas ton cœur aux biens qui ornent passagèrement la vie. Qui possède, apprenne à perdre ; qui est dans le bonheur, apprenne la souffrance !

ISABELLA. Que dois-je entendre ? Que cache ce drap ? (Elle fait un pas vers le brancard, mais s'arrête, incertaine, hésitante.) Je me sens attirée par un horrible attrait, et repoussée affreusement par la main froide et sinistre de la terreur. (A Béatrice, qui s'est jetée entre elle et le brancard.) Laisse-moi ! Quoi que ce soit, je veux lever ce voile ! (Elle lève le drap et découvre le cadavre de don Manuel.) O puissances du ciel ! C'est mon fils. (Elle demeure immobile, glacée d'effroi. Béatrice tombe près du brancard, en poussant un cri de douleur.)

LE CHŒUR. (GAÉTAN, BERENGER, MANFRED.) Malheureuse mère !

Du haft es gesprochen, das Wort des Jammers,
Nicht meinen Lippen ist es entflohn.
    Isabella.
Mein Sohn! Mein Manuel! — O, ewige
Erbarmung — So muß ich dich wieder finden!
Mit deinem Leben mußtest du die Schwester
Erkaufen aus des Räubers Hand — Wo war
Dein Bruder, daß sein Arm dich nicht beschützte?
— O, Fluch der Hand, die diese Wunde grub!
Fluch ihr, die den Verderblichen geboren,
Der mir den Sohn erschlug! Fluch seinem ganzen
Geschlecht!
    Chor.
  Wehe! Wehe! Wehe! Wehe!
    Isabella.
So haltet ihr mir Wort, ihr Himmelsmächte?
Das, das ist eure Wahrheit? Wehe dem,
Der euch vertraut mit redlichem Gemüth!
Worauf hab' ich gehofft, wovor gezittert,
Wenn dies der Ausgang ist! — O, die ihr hier
Mich schreckenvoll umsteht, an meinem Schmerz
Die Blicke weidend, lernt die Lügen kennen,
Womit die Träume uns, die Seher täuschen!
Glaube noch Einer an der Götter Mund!
— Als ich mich Mutter fühlte dieser Tochter,
Da träumte ihrem Vater eines Tags,
Er säh' aus seinem hochzeitlichen Bette
Zwei Lorbeerbäume wachsen — Zwischen ihnen
Wuchs eine Lilie empor; sie ward
Zur Flamme, die der Bäume dicht Gezweig ergriff
Und, um sich wüthend, schnell das ganze Haus
In ungeheurer Feuerfluth verschlang.
Erschreckt von diesem seltsamen Gesichte,
Befrug der Vater einen Vogelschauer
Und schwarzen Magier um die Bedeutung.
Der Magier erklärte: wenn mein Schooß
Von einer Tochter sich entbinden würde,
So würde sie die beiden Söhne ihm
Ermorden und vertilgen seinen Stamm!

C'est ton fils ! Tu l'as prononcée, la parole lamentable. Ce n'est point à mes lèvres qu'elle a échappé.

ISABELLA. Mon fils ! mon Manuel !... O éternelle miséricorde !... Est-ce ainsi qu'il me faut te retrouver ? Était-ce donc avec ta vie que tu devais racheter ta sœur des mains du brigand ?... Où était ton frère, que son bras n'a pu te protéger ?... Oh ! maudite la main qui a creusé cette blessure ! Maudite celle qui a enfanté ce mortel funeste qui m'a tué mon fils ! Maudite toute sa race !

LE CHŒUR. Malheur ! malheur ! malheur ! malheur !

ISABELLA. C'est ainsi que vous me tenez parole, puissances du ciel ? Est-ce là, là votre vérité ? Malheur à celui qui se fie à vous dans la droiture de son cœur ! Qu'ai-je donc espéré, qu'ai-je redouté, si telle est l'issue ?... O vous qui m'entourez, pleins d'effroi, repaissant vos yeux de ma douleur, apprenez à connaître les mensonges par lesquels les rêves et les devins nous abusent ! Après cela, qu'on croie encore aux oracles des dieux !... Quand je me sentis mère de cette fille, son père rêva un jour qu'il voyait s'élever deux lauriers de sa couche nuptiale... Entre eux croissait un lis ! il devint une flamme qui saisit l'épais branchage des arbres, et, étendant sa fureur autour d'elle, dévora promptement toute la maison dans un horrible embrasement. Effrayé de cette vision étrange, le père en demanda le sens à un augure, à un noir magicien. Le magicien déclara que, si mon sein donnait le jour à une fille, elle lui tuerait ses deux fils et exterminerait sa race.

Chor. (Cajetan und Bohemund.)
Gebieterin, was sagst du? Wehe! Wehe!
　　　　　Isabella.
Darum befahl der Vater, sie zu tödten;
Doch ich entrückte sie dem Jammerschicksal.
— Die arme Unglückselige! Verstoßen
Ward sie als Kind aus ihrer Mutter Schooß,
Daß sie, erwachsen, nicht die Brüder morde!
Und jetzt durch Räubershände fällt der Bruder,
Nicht die Unschuldige hat ihn getödtet!
　　　　　Chor.
Wehe! Wehe! Wehe! Wehe!
　　　　　Isabella.
　　　　　　　　Keinen Glauben
Verdiente mir des Götzendieners Spruch;
Ein beßres Hoffen stärkte meine Seele.
Denn mir verkündigte ein andrer Mund,
Den ich für wahrhaft hielt, von dieser Tochter:
„In heißer Liebe würde sie bereinst
„Der Söhne Herzen mir vereinigen.“
— So widersprachen die Orakel sich,
Den Fluch zugleich und Segen auf das Haupt
Der Tochter legend — Nicht den Fluch hat sie
Verschuldet, die Unglückliche! Nicht Zeit
Ward ihr gegönnt, den Segen zu vollziehen.
Ein Mund hat, wie der andere, gelogen!
Die Kunst der Seher ist ein eitles Nichts,
Betrüger sind sie oder sind betrogen.
Nichts Wahres läßt sich von der Zukunft wissen,
Du schöpfest drunten an der Hölle Flüssen,
Du schöpfest droben an dem Quell des Lichts.
　　　　Erster Chor. (Cajetan.)
Wehe! Wehe! Was sagst du? Halt' ein, halt' ein!
Bezähme der Zunge verwegenes Toben!
Die Orakel sehen und treffen ein,
Der Ausgang wird die Wahrhaftigen loben
　　　　　Isabella.
Nicht zähmen will ich meine Zunge, laut,
Wie mir das Herz gebietet, will ich reden.

LE CHŒUR. (GAÉTAN et BOHÉMOND.) Que dis-tu, souveraine ?
Malheur ! malheur !

ISABELLA. Aussi son père ordonna-t-il de la faire périr ; mais je la
dérobai à son lamentable destin... La pauvre malheureuse ! Elle
fut bannie, enfant, du sein maternel, afin de ne pas tuer, devenue
grande, ses deux frères. Et maintenant son frère tombe sous les
coups des brigands ! ce n'est pas elle, pauvre innocente, qui l'a
frappé !

LE CHŒUR. Malheur ! malheur ! malheur ! malheur !

ISABELLA. La parole d'un idolâtre ne méritait à mes yeux nulle
croyance ; un meilleur espoir rassura mon âme. Une autre bouche, que je tenais pour véridique, m'avait prédit au sujet de ma
fille, qu'un jour elle réunirait dans un ardent amour les cœurs de
mes fils... Ainsi les oracles se contredisaient, plaçant à la fois sur la
tête de ma fille la bénédiction et la malédiction... Ce n'est pas elle qui
a causé la malédiction, l'infortunée ! Et le temps ne lui a pas été donné
d'accomplir la bénédiction. Une bouche, comme l'autre, a menti.
L'art des devins est un vain néant ; ils sont ou trompeurs ou
trompés. On ne peut savoir rien de vrai de l'avenir, soit qu'on
puise en bas aux fleuves des enfers, soit qu'on puise en haut à
la source de la lumière.

LE PREMIER CHŒUR. (GAÉTAN.) Malheur ! malheur ! Que dis-tu ?
Arrête, arrête ! Refrène les téméraires emportements de ta langue. Les oracles voient, ils s'accomplissent ; l'événement louera
leur *véridique prévoyance*.

ISABELLA. Non, je ne veux pas refréner ma langue ; je veux
parler comme mon cœur me l'ordonne. Pourquoi visitons-nous

Warum besuchen wir die heil'gen Häuser
Und heben zu dem Himmel fromme Hände?
Gutmüth'ge Thoren, was gewinnen wir
Mit unserm Glauben! So unmöglich ist's,
Die Götter, die hochwohnenden, zu treffen,
Als in den Mond mit einem Pfeil zu schießen.
Vermauert ist dem Sterblichen die Zukunft,
Und kein Gebet durchbohrt den ehrnen Himmel.
Ob rechts die Vögel fliegen oder links,
Die Sterne so sich oder anders fügen,
Nicht Sinn ist in dem Buche der Natur,
Die Traumkunst träumt, und alle Zeichen trügen.

Zweiter Chor. (Bohemund.)

Halt' ein, Unglückliche! Wehe! Wehe!
Du leugnest der Sonne leuchtendes Licht
Mit blinden Augen! Die Götter leben.
Erkenne sie, die dich furchtbar umgehen!

(Alle Ritter.)

Die Götter leben.
Erkenne sie, die dich furchtbar umgehen!

Beatrice.

O Mutter! Mutter! Warum hast du mich
Gerettet! Warum warfst du mich nicht hin
Dem Fluch, der, eh' ich war, mich schon verfolgte?
Blödsicht'ge Mutter! Warum dünktest du
Dich weiser, als die Allesschauenden,
Die Nah' und Fernes an einander knüpfen,
Und in der Zukunft späte Saaten sehn?
Dir selbst und mir, uns allen zum Verderben
Hast du den Todesgöttern ihren Raub,
Den sie gefordert, frevelnd vorenthalten!
Jetzt nehmen sie ihn zweifach, dreifach selbst.
Nicht dank' ich dir das traurige Geschenk,
Dem Schmerz, dem Jammer hast du mich erhalten!

Erster Chor. (Cajetan)
(in heftiger Bewegung nach der Thüre sehend).

  Brechet auf, ihr Wunden!
Fließet, fließet!

les saints lieux, et levons-nous au ciel des mains pieuses? *Fous débonnaires, que gagnons-nous à notre foi? Il est aussi impossible d'atteindre jusqu'aux dieux, sur les hauteurs qu'ils habitent, que de frapper la lune d'une flèche. L'avenir est fermé au mortel et nulle prière ne pénètre ce ciel d'airain. Que l'oiseau vole à droite ou à gauche, que les étoiles se disposent sous tel ou tel aspect, il n'y a nul sens dans le livre de la nature, l'art des songes est un songe et tous les signes trompent.*

LE SECOND CHŒUR. (BOHÉMOND.) Arrête, infortunée! Malheur! malheur! Tu nies, les yeux aveugles, la lumière du soleil qui éclaire. Les dieux vivent, reconnais-les, eux qui, terribles, t'environnent.

(TOUS LES CHEVALIERS.) Les dieux vivent, reconnais-les, eux qui, terribles, t'environnent.

BÉATRICE. O ma mère, ma mère! Pourquoi m'as-tu sauvée? Pourquoi ne m'as-tu pas abandonnée à la malédiction qui, avant que je fusse née, déjà me poursuivait? Mère à la vue trop bornée! Pourquoi te croyais-tu plus sage que ceux qui, du regard, embrassent tout, qui rattachent ce qui est proche à ce qui est loin, et voient germer dans l'avenir les tardives semences? Tu as pour ta propre ruine, pour la mienne, pour notre ruine à tous, dérobé aux dieux de la mort, par un larcin coupable, leur proie, qu'ils réclamaient. Maintenant, ils la prennent eux-mêmes, double, triple. Je ne te sais pas gré de ce triste présent. Tu m'as conservée pour la douleur, pour les lamentations.

LE PREMIER CHŒUR. (GAÉTAN) (regardant vers la porte, avec une vive émotion). Rouvrez-vous, blessures! coulez! coulez! Élancez-vous en noirs torrents, ruisseaux de sang!

FIANCÉE DE MESSINE.   11

In schwarzen Güssen
Stürzet hervor, ihr Bäche des Bluts!

(Berengar.)

Eherner Füße
Rauschen vernehm' ich,
Höllischer Schlangen
Zischendes Tönen,
Ich erkenne der Furien Schritt!

(Cajetan.)

Stürzet ein, ihr Wände!
Versink', o Schwelle,
Unter der schrecklichen Füßen Tritt!
Schwarze Dämpfe, entsteiget, entsteiget
Qualmend dem Abgrund! Verschlinget des Tages
Lieblichen Schein!
Schützende Götter des Hauses, entweichet!
Lasset die rächenden Göttinnen ein!

Don Cesar. Isabella. Beatrice. Der Chor.

Beim Eintritt des Don Cesar zertheilt sich der Chor in fliehender Bewegung vor ihm; er bleibt allein in der Mitte der Scene stehen.

Beatrice.

Weh mir, er ist's!

Isabella (tritt ihm entgegen).

O mein Sohn Cesar! Muß ich so
Dich wiedersehen — O, blick' her und sieh'
Den Frevel einer gottverfluchten Hand!

(Führt ihn zu dem Leichnam.)

Don Cesar

(tritt mit Entsetzen zurück, das Gesicht verhüllend).

Erster Chor. (Cajetan, Berengar.)

Brechet auf, ihr Wunden!
Fließet, fließet!
In schwarzen Güssen
Strömet hervor, ihr Bäche des Bluts!

Isabella.

Du schauderst und erstarrst! — Ja, das ist alles,
Was dir noch übrig ist von deinem Bruder!
Da liegen meine Hoffnungen — Sie stirbt

(BÉRENGER.) J'entends le bruit de pieds d'airain, les sons sifflants des vipères infernales; je reconnais le pas des Furies !

(GAÉTAN.) Murs, écroulez-vous ! Seuil, engloutis-toi sous la pression de ces pieds redoutables ! Noires vapeurs, montez, montez, fumantes, du fond de l'abîme ! Absorbez l'aimable lumière du jour ! Dieux protecteurs de la maison, fuyez ! Laissez entrer les déesses de la vengeance !

DON CÉSAR, ISABELLA, BÉATRICE, LE CHŒUR.

(A l'entrée de don César, le chœur se divise précipitamment devant lui, don César demeure seul au milieu de la scène.)

BÉATRICE. Malheur à moi ! c'est lui.

ISABELLA (va au-devant de lui). O mon fils César ! Faut-il que je te revoie ainsi !... Oh ! regarde et vois le crime d'une main maudite de Dieu ! (Elle le conduit près du cadavre.)

DON CÉSAR (recule avec horreur et se voile le visage).

LE PREMIER CHŒUR. (GAÉTAN, BÉRENGER.) Rouvrez-vous, blessures ! coulez ! coulez ! Jaillissez en noirs torrents, ruisseaux de sang !

ISABELLA. Tu frémis, tu es glacé d'horreur.... Oui, voilà tout ce qui reste de ton frère. Là gisent mes espérances.... Elle périt

Im Keim, die junge Blume eures Friedens,
Und keine schönen Früchte sollt' ich schauen.

Don Cesar.

Tröste dich Mutter! Redlich wollten wir
Den Frieden, aber Blut beschloß der Himmel.

Isabella.

O, ich weiß, du liebtest ihn, ich sah entzückt
Die schönen Bande zwischen euch sich flechten!
An deinem Herzen wolltest du ihn tragen,
Ihm reich ersetzen die verlornen Jahre.
Der blut'ge Mord kam deiner schönen Liebe
Zuvor — Jetzt kannst du nichts mehr, als ihn rächen.

Don Cesar.

Komm, Mutter, komm! Hier ist kein Ort für dich.
Entreiß' dich diesem unglücksel'gen Anblick!

(Er will sie fortziehen.)

Isabella (fällt ihm um den Hals).

Du lebst mir noch! Du, jetzt mein Einziger!

Beatrice.

Weh', Mutter! was beginnst du?

Don Cesar.

Weine dich aus

An diesem treuen Busen! Unverloren
Ist dir der Sohn, denn seine Liebe lebt
Unsterblich fort in deines Cesars Brust.

Erster Chor. (Cajetan, Berengar, Manfred.)

Brechet auf ihr Wunden!
Redet, ihr stummen!
In schwarzen Fluthen
Stürzet hervor, ihr Bäche des Bluts!

Isabella (beider Hände fassend).

O, meine Kinder!

Don Cesar.

Wie entzückt es mich,

In deinen Armen sie zu sehen, Mutter,
Ja, laß sie deine Tochter sein! die Schwester —

Isabella (unterbricht ihn).

Dir dank' ich die Gerettete, mein Sohn!
Du hieltest Wort, du hast sie mir gesendet.

dans son germe, la jeune fleur de votre paix, et je n'en devais voir aucun beau fruit.

DON CÉSAR. Console-toi, ma mère ! Nous voulions sincèrement la paix ; mais le ciel a voulu du sang.

ISABELLA. Oh ! je le sais, tu l'aimais, je voyais avec ravissement les beaux liens se former entre vous. Tu voulais le porter dans ton cœur, le dédommager richement des années perdues. Le meurtrier sanglant a prévenu ton tendre amour... Maintenant tu ne peux plus rien, que le venger.

DON CÉSAR. Viens, ma mère ! viens ! Ce n'est pas ici ta place. Arrache-toi à ce funeste spectacle ! (Il veut l'entraîner.)

ISABELLA (se jette à son cou). Tu vis encore pour moi! toi, désormais mon fils unique !

BÉATRICE. Malheur, ô ma mère ! que fais-tu ?

DON CÉSAR. Pleure toutes tes larmes sur ce cœur fidèle ! Ton fils n'est pas perdu pour toi, car son amour continue de vivre, immortel, dans le sein de ton César.

LE PREMIER CHŒUR. (GAÉTAN, BÉRENGER, MANFRED.) Ouvrez-vous, blessures ! Parlez, plaies muettes ! Élancez-vous en noires ondes, ruisseaux de sang !

ISABELLA (leur prenant la main à tous deux). O mes enfants !

DON CÉSAR. Combien je suis ravi de la voir dans tes bras, ma mère ! Oui, qu'elle soit ta fille. La sœur...

ISABELLA (l'interrompant). Je te dois sa délivrance, mon fils. Tu as tenu parole, tu me l'as envoyée.

Don Cesar (erstaunt).

Wen, Mutter, sagst du, hab' ich dir gesendet?

Isabella.

Sie mein' ich, die du vor dir siehst, die Schwester.

Don Cesar.

Sie, meine Schwester!

Isabella.

Welche andre sonst?

Don Cesar.

Meine Schwester?

Isabella.

Die du selber mir gesendet.

Don Cesar.

Und seine Schwester!

Chor.

Wehe! Wehe! Wehe!

Beatrice.

O, meine Mutter!

Isabella.

Ich erstaune — Redet!

Don Cesar.

So sei der Tag verflucht, der mich geboren!

Isabella.

Was ist dir? Gott!

Don Cesar.

Verflucht der Schooß, der mich
Getragen! — Und verflucht sei deine Heimlichkeit,
Die all dies Gräßliche verschuldet! Falle
Der Donner nieder, der dein Herz zerschmettert!
Nicht länger halt' ich schonend ihn zurück —
Ich selber, wiss' es, ich erschlug den Bruder,
In ihren Armen überrascht' ich ihn;
Sie ist es, die ich liebe, die zur Braut
Ich mir gewählt — den Bruder aber fand ich
In ihren Armen — Alles weißt du nun!
— Ist sie wahrhaftig seine, meine Schwester,
So bin ich schuldig einer Gräuelthat,
Die keine Reu und Büßung kann versöhnen!

DON CÉSAR (étonné). Qui dis-tu, ma mère, que je t'ai envoyé ?

ISABELLA. Je parle de celle que tu vois devant toi, de ta sœur.

DON CÉSAR. Elle, ma sœur !

ISABELLA. Et quelle autre ?

DON CÉSAR. Ma sœur ?

ISABELLA. Que tu m'as toi-même envoyée.

DON CÉSAR. Et sa sœur, à lui ?

LE CHŒUR. Malheur ! malheur ! malheur !

BÉATRICE. O ma mère !

ISABELLA. Je demeure interdite... Parlez !

DON CÉSAR. Alors, maudit soit le jour qui m'a vu naître !

ISABELLA. Qu'as-tu ? Dieu !

DON CÉSAR. Maudit le sein qui m'a porté !... et maudit ton mystérieux silence qui a causé toutes ces horreurs ! Qu'il tombe, ce tonnerre qui doit écraser ton cœur ! Ma main compatissante ne le retiendra pas plus longtemps... C'est moi-même, sache-le, qui ai frappé mon frère ; je l'ai surpris dans ses bras à elle. C'est elle que j'aime, que je me suis choisie pour épouse... mais j'ai trouvé mon frère dans ses bras... Maintenant tu sais tout !... Si elle est vraiment sa sœur, ma sœur, je suis coupable d'un crime horrible, que nul repentir, nulle pénitence ne peut expier.

Chor. (Bohemund.)
Es ist gesprochen, du hast vernommen,
Das Schlimmste weißt du, nichts ist mehr zurück!
Wie die Seher verkündet, so ist es gekommen,
Denn noch Niemand entfloh dem verhängten Geschick.
Und wer sich vermißt, es klüglich zu wenden,
Der muß es selber erbauend vollenden.

Isabella.
Was kümmert's mich noch, ob die Götter sich
Als Lügner zeigen oder sich als wahr
Bestätigen? Mir haben sie das Aergste
Gethan — Trotz biet' ich ihnen, mich noch härter
Zu treffen, als sie trafen — Wer für nichts mehr
Zu zittern hat, der fürchtet sie nicht mehr.
Ermordet liegt mir der geliebte Sohn,
Und von dem lebenden scheid' ich mich selbst.
Er ist mein Sohn nicht — Einen Basilisken
Hab' ich erzeugt, genährt an meiner Brust,
Der mir den bessern Sohn zu Tode stach.
— Komm, meine Tochter! Hier ist unsers Bleibens
Nicht mehr — den Rachegeistern überlaß' ich
Dies Haus — Ein Frevel führte mich herein,
Ein Frevel treibt mich aus — Mit Widerwillen
Hab' ich's betreten und mit Furcht bewohnt,
Und in Verzweiflung räum ich's — Alles dies
Erleid' ich schuldlos; doch bei Ehren bleiben
Die Orakel, und gerettet sind die Götter.
                          (Sie geht ab. Diego folgt ihr.)

Beatrice. Don Cesar. Der Chor.

Don Cesar (Beatricen zurückhaltend).
Bleib, Schwester! Scheide du nicht so von mir!
Mag mir die Mutter fluchen, mag dies Blut
Anklagend gegen mich zum Himmel rufen,
Mich alle Welt verdammen! Aber du
Fluche mir nicht! Von dir kann ich's nicht tragen!

Beatrice
(zeigt mit abgewandtem Gesicht auf den Leichnam).

Don Cesar.
Nicht den Geliebten hab' ich dir getödtet!

LE CHŒUR. (BOHÉMOND.) Le mot est prononcé, tu l'as entendu, tu sais le plus affreux secret, il ne reste plus rien à dire. Comme les devins l'ont annoncé, ainsi tout est venu; car personne encore n'a échappé au destin qui l'attendait. Et qui se fait fort de le diriger avec habileté, l'édifie fatalement et l'accomplit lui-même.

ISABELLA. Et que m'importe désormais que les dieux se montrent imposteurs ou que leur parole se vérifie? Ils m'ont fait, à moi, ce qu'il y a de plus affreux... Je les défie de me frapper plus rudement... Qui n'a plus à trembler pour rien, ne les craint plus... Mon fils chéri est là, immolé, devant moi, et je me sépare moi-même de celui qui survit. Il n'est pas mon fils... J'ai enfanté, j'ai nourri sur mon sein un basilic qui a percé et mis à mort mon fils, le meilleur... Viens, ma fille! Nous n'avons plus à demeurer ici... J'abandonne cette maison aux esprits de vengeance... Un crime m'y avait introduite, un crime m'en chasse... J'y suis entrée à contre-cœur, je l'ai habitée avec effroi, j'en sors dans le désespoir... Tout cela, je l'ai souffert, innocente ; mais les oracles s'en tirent à leur honneur, et les dieux sont saufs. (Elle sort, Diégo la suit.)

BÉATRICE, DON CÉSAR, LE CHŒUR.

DON CÉSAR (retenant Béatrice). Reste, ma sœur! Ne te sépare pas ainsi de moi! Que ma mère me maudisse! que ce sang m'accuse et crie au ciel contre moi! que le monde entier me condamne! mais, toi, ne me maudis pas! De toi je ne puis le supporter!

BÉATRICE (montre le cadavre, en détournant les yeux).

DON CÉSAR. Ce n'est pas ton amant que je t'ai tué! C'est un

Den Bruder hab' ich dir und hab' ihn mir
Gemordet — Dir gehört der Abgeschiedene jetzt
Nicht näher an, als ich, der Lebende,
Und ich bin mitleidswürdiger, als er,
Denn er schied rein hinweg, und ich bin schuldig.

Beatrice.

(bricht in heftige Thränen aus).

Don Cesar.

Weine um den Bruder, ich will mit dir weinen,
Und — mehr noch — rächen will ich ihn! Doch nicht
Um den Geliebten weine! Diesen Vorzug,
Den du dem Todten gibst, ertrag' ich nicht.
Den einz'gen Trost, den letzten, laß mich schöpfen
Aus unsers Jammers bodenloser Tiefe,
Daß er dir näher nicht gehört, als ich —
Denn unser furchtbar aufgelöstes Schicksal
Macht unsre Rechte gleich, wie unser Unglück.
In einen Fall verstrickt, drei liebende
Geschwister, gehen wir vereinigt unter
Und theilen gleich der Thränen traurig Recht.
Doch wenn ich denken muß, daß deine Trauer
Mehr dem Geliebten als dem Bruder gilt,
Dann mischt sich Wuth und Neid in meinen Schmerz,
Und mich verläßt der Wehmuth letzter Trost.
Nicht freudig, wie ich gerne will, kann ich
Das letzte Opfer seinen Manen bringen;
Doch sanft nachsenden will ich ihm die Seele,
Weiß ich nur, daß du meinen Staub mit seinem
In einem Aschenkruge sammeln wirst.

(Den Arm um sie schlingend, mit einer leidenschaftlich zärtlichen
Heftigkeit.)

Dich lieb' ich, wie ich nichts zuvor geliebt,
Da du noch eine Fremde für mich warst.
Weil ich dich liebte über alle Grenzen,
Trag' ich den schweren Fluch des Brudermords,
Liebe zu dir war meine ganze Schuld.
— Jetzt bist du meine Schwester, und dein Mitleid
Fordr' ich von dir als einen heil'gen Zoll.

(Er sieht sie mit forschenden Blicken und schmerzlicher Erwartung an,
dann wendet er sich mit Heftigkeit von ihr.)

frère que je t'ai enlevé, ainsi qu'à moi... Le mort maintenant ne t'est pas plus proche que moi qui survis, et je suis plus digne de pitié que lui, car il est mort pur, et je suis coupable.

BÉATRICE (fond en larmes).

DON CÉSAR. Pleure sur ton frère, je veux pleurer avec toi, et... plus encore... je veux le venger ! mais ne pleure pas sur ton amant ! Je ne puis supporter cette préférence accordée au mort. Laisse-moi puiser cette unique, cette dernière consolation dans l'abîme sans fond de notre douleur, qu'il ne t'est pas plus proche que moi... Car l'affreux dénoûment de notre destin rend nos droits égaux, comme nos malheurs. Enlacés dans un même piège, joints par la naissance et par l'amour, nous succombons unis tous trois, et nous partageons ensemble le triste droit aux larmes. Mais quand il me faut croire que ton deuil est plus pour l'amant que pour le frère, alors la rage et l'envie se mêlent à mon affliction, et la dernière consolation de ma douleur m'abandonne. Je ne puis immoler avec joie, comme je le voudrais, la dernière victime à ses mânes ; mais je veux envoyer doucement mon âme le rejoindre, pourvu que je sache que tu réuniras ma cendre à la sienne dans une même urne cinéraire. (Il l'enlace d'un de ses bras avec l'ardeur d'une tendresse passionnée.) Je t'aimais, comme jusque-là je n'avais rien aimé, quand tu étais encore une étrangère pour moi. C'est parce que je t'aimais au delà de toutes les bornes, que je porte la lourde malédiction du fratricide. Mon amour pour toi a été mon seul crime... Maintenant, tu es ma sœur, et je réclame de toi ta compassion, comme un tribut sacré. (Il la regarde d'un œil scrutateur et avec une douloureuse attente, puis il se détourne vivement d'elle.) Non, non, je ne puis voir ces

Nein, nein, nicht sehen kann ich diese Thränen —
In dieses Todten Gegenwart verläßt
Der Muth mich, und die Brust zerreißt der Zweifel —
— Laß mich im Irrthum! Weine im Verborgnen!
Sieh' nie mich wieder — niemals mehr — Nicht dich,
Nicht deine Mutter will ich wieder sehen.
Sie hat mich nie geliebt! Verrathen endlich
Hat sich ihr Herz, der Schmerz hat es geöffnet.
Sie nannt' ihn ihren bessern Sohn! — So hat sie
Verstellung ausgeübt ihr ganzes Leben!
— Und du bist falsch, wie sie! Zwinge dich nicht!
Zeig' deinen Abscheu! Mein verhaßtes Antlitz
Sollst du nicht wieder sehn! Geh' hin auf ewig!

(Er geht ab. Sie steht unschlüssig, im Kampf widersprechender Gefühle.
dann reißt sie sich los und geht).

Chor. (Cajetan.)

• •
Wohl dem! Selig muß ich ihn preisen,
Der in der Stille der ländlichen Flur,
Fern von des Lebens verworrenen Kreisen,
Kindlich liegt an der Brust der Natur.
Denn das Herz wird mir schwer in der Fürsten Palästen,
Wenn ich herab vom Gipfel des Glücks
Stürzen sehe die Höchsten, die Besten
In der Schnelle des Augenblicks!
    Und auch er hat sich wohl gebettet,
Der aus der stürmischen Lebenswelle,
Zeitig gewarnt, sich heraus gerettet
In des Klosters friedliche Zelle,
Der die stachelnde Sucht der Ehren
Von sich warf und die eitle Lust
Und die Wünsche, die ewig begehren,
Eingeschläfert in ruhiger Brust.
Ihn ergreift in dem Lebensgewühle
Nicht der Leidenschaft wilde Gewalt,
Nimmer in seinem stillen Asyle
Sieht er der Menschheit traur'ge Gestalt.
Nur in bestimmter Höhe ziehet
Das Verbrechen hin und das Ungemach,

larmes... En présence de ce mort, le courage m'abandonne et le
doute me déchire le sein... Laisse-moi mon erreur! Pleure en
secret! Ne me revois jamais... plus jamais... Je ne veux pas te
revoir, ni revoir ta mère. Elle ne m'a jamais aimé! A la fin son
cœur s'est trahi, la douleur l'a ouvert : elle l'a nommé, lui, son
fils le meilleur. Ainsi, toute sa vie, elle a pratiqué la dissimula-
tion!... Et tu es fausse comme elle! Ne te contrains pas! Montre
ton horreur! Tu ne reverras plus mon visage odieux! Va-t'en à
jamais! (Il sort. Elle demeure d'abord indécise, combattue par des sentiments contraires, puis elle s'arrache à ce lieu et s'en va.)

LE CHŒUR. (GAÉTAN.) . . . .

. . . . Heureux, oui, il faut que je le proclame
bienheureux, celui qui, dans le calme d'un rustique séjour, loin
du tourbillon confus de la vie, repose, comme un enfant, sur le
sein de la nature! Car mon cœur se sent oppressé dans les palais
des princes, quand je vois les plus grands, les meilleurs, préci-
pités du faîte de la prospérité, en un rapide instant!

Et celui-là encore s'est fait un doux repos qui, des vagues orageuses de la vie, averti à temps, s'est sauvé dans la pacifique
cellule du cloître ; qui a rejeté loin de lui la stimulante ambition,
et qui a endormi dans son sein paisible la vaine convoitise et les
désirs qui toujours exigent. Le fougueux pouvoir de la passion
ne vient point le saisir dans le tumulte de la vie ; jamais, dans
son calme asile, il ne voit la triste figure de l'humanité! Le crime
et les maux d'ici-bas n'atteignent qu'à une hauteur limitée ; de

Wie die Pest die erhabnen Orte fliehet,
Dem Qualm der Städte wälzt es sich nach.

(Berengar, Bohemund und Manfred.)

Auf den Bergen ist Freiheit! Der Hauch der Grüfte
Steigt nicht hinauf in die reinen Lüfte;
Die Welt ist vollkommen überall,
Wo der Mensch nicht hinkommt mit seiner Qual.

(Der ganze Chor wiederholt.)

Auf den Bergen u. s. w.

Don Cesar. Der Chor.

Don Cesar (gefaßter).

Das Recht des Herrschers üb' ich aus zum letztenmal,
Dem Grab zu übergeben diesen theuren Leib,
Denn dieses ist der Todten letzte Herrlichkeit.
Vernehmt denn meines Willens ernstlichen Beschluß,
Und wie ich's euch gebiete, also übt es aus
Genau — Euch ist in frischem Angedenken noch
Das ernste Amt, denn nicht von langen Zeiten ist's,
Daß ihr zur Gruft begleitet eures Fürsten Leib.
Die Todtenklage ist in diesen Mauern kaum
Verhallt, und eine Leiche drängt die andre fort
Ins Grab, daß eine Fackel an der andern sich
Anzünden, auf der Treppe Stufen sich der Zug
Der Klagemänner fast begegnen mag.
So ordnet denn ein feierlich Begräbnißfest
In dieses Schlosses Kirche, die des Vaters Staub
Bewahrt, geräuschlos bei verschloss'nen Pforten an,
Und alles werde, wie es damals war, vollbracht.

Chor. (Bohemund.)

Mit schnellen Händen soll dies Werk bereitet sein,
O Herr — denn aufgerichtet steht der Katafalk,
Ein Denkmal jener ernsten Festlichkeit, noch da,
Und an den Bau des Todes rührte keine Hand.

Don Cesar.

Das war kein glücklich Zeichen, daß des Grabes Mund
Geöffnet blieb im Hause der Lebendigen.
Wie kam's, daß man das unglückselige Gerüst
Nicht nach vollbrachtem Dienste alsobald zerbrach?

même que la peste fuit les lieux élevés, ils vont mêler leur infection aux vapeurs des cités.

(BÉRENGER, BOHÉMOND ET MANFRED.) Sur les montagnes est la liberté ! Le souffle des cryptes funèbres ne monte pas dans la région de l'air pur. Le monde est parfait partout où l'homme ne parvient point avec ses peines.

(TOUT LE CHŒUR REPREND.) Sur les montagnes, etc.

DON CÉSAR, LE CHŒUR.

DON CÉSAR (plus maître de lui). J'exerce une dernière fois le droit de souverain, pour confier au tombeau ces restes précieux, car c'est là pour les morts le dernier hommage. Écoutez donc ma résolution, mes tristes volontés, et ce que je vous ordonne, exécutez-le fidèlement... Vous avez encore un récent souvenir de ce douloureux devoir, car il ne s'est pas écoulé un long temps depuis que vous avez accompagné au sépulcre le corps de votre prince. A peine le chant de mort a-t-il cessé de retentir dans ces murs, qu'un cadavre pousse l'autre dans la tombe : la torche des funérailles nouvelles peut s'allumer à celle des premières, et les deux cortèges lugubres peuvent se rencontrer presque sur les marches du caveau. Ordonnez donc la solennité de la sépulture dans l'église de ce château, qui renferme la cendre de mon père : qu'on la célèbre sans bruit, les portes fermées, et que tout s'accomplisse comme alors.

LE CHŒUR. (BOHÉMOND.) Les apprêts de la cérémonie se feront d'une main rapide, seigneur... car le catafalque, monument de cette triste pompe, est encore tout dressé, et nulle main n'a touché à l'édifice de la mort.

DON CÉSAR. Ce n'était pas un heureux signe que l'entrée du tombeau demeurât ouverte dans la maison des vivants. D'où vient qu'on n'a pas détruit sans retard, le triste office terminé, ce sinistre échafaudage ?

Chor. (Bohemund.)
Die Noth der Zeiten und der jammervolle Zwist
Der gleich nachher, Messina feindlich theilend, sich
Entflammt, zog unsre Augen von den Todten ab,
Und öde blieb, verschlossen dieses Heiligthum.

Don Cesar.
Ans Werk denn eilet ungesäumt! Noch diese Nacht
Vollende sich das mitternächtliche Geschäft!
Die nächste Sonne finde von Verbrechen rein
Das Haus und leuchte einem fröhlichern Geschlecht.

(Der zweite Chor entfernt sich mit Don Manuels Leichnam.)

Erster Chor. (Cajetan.)
Soll ich der Mönche fromme Brüderschaft hieher
Berufen, daß sie nach der Kirche altem Brauch
Das Seelenamt verwalte und mit heil'gem Lied
Zur ew'gen Ruh' einsegne den Begrabenen?

Don Cesar.
Ihr frommes Lied mag fort und fort an unserm Grab
Auf ew'ge Zeiten schallen bei der Kerze Schein;
Doch heute nicht bedarf es ihres reinen Amts,
Der blut'ge Mord verscheucht das Heilige.

Chor. (Cajetan.)
Beschließe nichts gewaltsam Blutiges, o Herr,
Wider dich selber wüthend mit Verzweiflungsthat;
Denn auf der Welt lebt Niemand, der dich strafen kann
Und fromme Büßung kauft den Zorn des Himmels ab.

Don Cesar.
Nicht auf der Welt lebt, wer mich richtend strafen kann,
Drum muß ich selber an mir selber es vollziehn.
Bußfert'ge Sühne, weiß ich, nimmt der Himmel an ;
Doch nur mit Blute büßt sich ab der blut'ge Mord.

Chor. (Cajetan.)
Des Jammers Fluthen, die auf dieses Haus gestürmt,
Ziemt dir zu brechen, nicht zu häufen Leid auf Leid.

Don Cesar.
Den alten Fluch des Hauses lös' ich sterbend auf,
Der freie Tod nur bricht die Kette des Geschicks.

LE CHŒUR. (BOHÉMOND.) La nécessité des temps et la discorde qui, aussitôt après, éclata, divisant Messine en deux factions ennemies, a détourné nos yeux des morts, et ce sanctuaire est demeuré désert et fermé.

DON CÉSAR. A l'œuvre donc, et sans délai ! Que cette nuit même cette tâche de minuit s'accomplisse ! Que le soleil prochain trouve cette maison purgée de crimes, et qu'il éclaire une race plus heureuse ! (Le second chœur s'éloigne, emportant le corps de don Manuel.)

LE PREMIER CHŒUR. (GAÉTAN.) Dois-je mander ici la pieuse confrérie des moines, pour qu'elle célèbre l'office des trépassés, selon l'antique usage de l'Église, et que, par ses chants sacrés, elle consacre le mort au repos éternel ?

DON CÉSAR. Que d'âge en âge, j'y consens, leurs pieux cantiques retentissent sur notre tombe, à la lueur des cierges, jusqu'à la fin des siècles ; mais, aujourd'hui, il n'est pas besoin de leur ministère pur : le meurtre sanglant repousse les saints rites.

LE CHŒUR. (GAÉTAN.) Ne résous pas, seigneur, de sanglante violence, exerçant contre toi-même la rage du désespoir ; car personne ne vit ici-bas qui puisse te punir, et une pieuse expiation rachète la colère du ciel.

DON CÉSAR. Personne ne vit ici-bas qui puisse, me jugeant, me punir. Il faut donc que j'accomplisse moi-même envers moi cette justice. Le ciel agrée, je le sais, l'expiation pénitente ; mais le meurtre sanglant ne s'expie que par le sang.

LE CHŒUR. (GAÉTAN.) Il te convient de rompre le torrent d'infortune qui s'est déchaîné contre cette maison ; et non d'accumuler douleur sur douleur.

DON CÉSAR. Je détruis en mourant l'antique malédiction de cette maison ; la mort libre rompt seule la chaîne du destin.

Chor. (Cajetan.)

Zum Herrn bist du dich schuldig dem verwaisten Land,
Weil du des andern Herrscherhauptes uns beraubt.

Don Cesar.

Zuerst den Todesgöttern zahl' ich meine Schuld,
Ein andrer Gott mag sorgen für die Lebenden.

Chor. (Cajetan.)

So weit die Sonne leuchtet, ist die Hoffnung auch,
Nur von dem Tod gewinnt sich nichts! Bedenk' es wohl!

Don Cesar.

Du selbst bedenke schweigend deine Dienerpflicht!
Mich laß dem Geist gehorchen, der mich furchtbar treibt,
Denn in das Innre kann kein Glücklicher mir schaun.
Und ehrst du fürchtend auch den Herrscher nicht in mir,
Den Verbrecher fürchte, den der Flüche schwerster drückt!
Das Haupt verehre des Unglücklichen,
Das auch den Göttern heilig ist — Wer das erfuhr,
Was ich erleide und im Busen fühle,
Gibt keinem Irdischen mehr Rechenschaft.

Donna Isabella. Don Cesar. Der Chor.

Isabella
(kommt mit zögernden Schritten und wirft unschlüssige Blicke auf Don Cesar.
Endlich tritt sie ihm näher und spricht mit gefaßtem Ton).

Dich sollten meine Augen nicht mehr schauen,
So hatt' ich mir's in meinem Schmerz gelobt;
Doch in der Luft verwehen die Entschlüsse,
Die eine Mutter, unnatürlich wüthend,
Wider des Herzens Stimme faßt — Mein Sohn!
Mich treibt ein unglückseliges Gerücht
Aus meines Schmerzens öden Wohnungen
Hervor — Soll ich ihm glauben? Ist es wahr,
Daß mir ein Tag zwei Söhne rauben soll?

Chor. (Cajetan.)

Entschlossen siehst du ihn, festen Muths,
Hinabzugehen mit freiem Schritte
Zu des Todes traurigen Thoren.
Erprobe du jetzt die Kraft des Bluts,
Die Gewalt der rührenden Mutterbitte!
Meine Worte hab' ich umsonst verloren.

LE CHŒUR. (GAÉTAN.) Tu te dois comme chef à ce peuple orphelin, puisque tu nous as privés de notre autre prince.

DON CÉSAR. Je paye d'abord ma dette aux dieux de la mort; qu'un autre dieu prenne soin des vivants.

LE CHŒUR. (GAÉTAN.) Aussi loin que luit le soleil s'étend l'espérance. Sur la mort seule rien ne se peut gagner. Songes-y bien !

DON CÉSAR. Songe toi-même à remplir en silence ton devoir de serviteur ! Laisse-moi obéir à l'esprit qui me pousse d'une impulsion terrible, car nul heureux ne peut voir au dedans de moi-même. Et, si tu ne respectes pas en moi, avec crainte, ton maître, crains le coupable, sur qui pèse la plus lourde des malédictions ; respecte la tête du malheureux, qui est sacrée même pour les dieux... Celui qui a éprouvé ce que je souffre et sens dans mon sein ne rend plus de compte à personne sur la terre.

DONNA ISABELLA, DON CÉSAR, LE CHŒUR.

ISABELLA (vient à pas lents et jette sur don César des regards irrésolus. Enfin elle s'approche de lui et parle d'un ton assuré). Mes yeux ne devaient plus te voir : je me l'étais promis dans ma douleur; mais le vent emporte les résolutions que, dans une fureur contre nature, une mère a pu prendre contre la voix de son cœur... Mon fils ! un bruit sinistre m'a tirée du séjour solitaire de ma douleur... Dois-je y croire ? Est-il vrai qu'un même jour doive me ravir mes deux fils ?

LE CHŒUR. (GAÉTAN.) Tu le vois résolu, d'un cœur assuré, à descendre librement aux tristes portes de la mort. Éprouve maintenant la force du sang, la puissance des prières touchantes d'une mère ! J'ai perdu sans fruit mes paroles.

Isabella.

Ich rufe die Verwünschungen zurück,
Die ich im blinden Wahnsinn der Verzweiflung
Auf dein geliebtes Haupt herunter rief.
Eine Mutter kann des eignen Busens Kind,
Das sie mit Schmerz geboren, nicht verfluchen.
Nicht hört der Himmel solche sündige
Gebete; schwer von Thränen, fallen sie
Zurück von seinem leuchtenden Gewölbe.
— Lebe! mein Sohn! Ich will den Mörder lieber sehn
Des einen Kindes, als um beide weinen.

Don Cesar.

Nicht wohl bedenkst du, Mutter, was du wünschest
Dir selbst und mir — mein Platz kann nicht mehr sein
Bei den Lebendigen — Ja, könntest du
Des Mörders gottverhaßten Anblick auch
Ertragen, Mutter, ich ertrüge nicht
Den stummen Vorwurf deines ew'gen Grams.

Isabella.

Kein Vorwurf soll dich kränken, keine laute,
Noch stumme Klage in das Herz dir schneiden.
In milder Wehmuth wird der Schmerz sich lösen,
Gemeinsam trauernd, wollen wir das Unglück
Beweinen und bedecken das Verbrechen.

Don Cesar (faßt ihre Hand, mit sanfter Stimme).

Das wirst du, Mutter. Also wird's geschehn.
In milder Wehmuth wird dein Schmerz sich lösen —
Dann, Mutter, wenn ein Todtenmal den Mörder
Zugleich mit dem Gemordeten umschließt,
Ein Stein sich wölbet über beider Staube,
Dann wird der Fluch entwaffnet sein — dann wirst
Du deine Söhne nicht mehr unterscheiden,
Die Thränen, die dein schönes Auge weint,
Sie werden einem wie dem andern gelten,
Ein mächtiger Vermittler ist der Tod.
Da löschen alle Zornesflammen aus,
Der Haß versöhnt sich, und das schöne Mitleid
Neigt sich, ein weinend Schwesterbild, mit sanft
Anschmiegender Umarmung auf die Urne.

ISABELLA. Je révoque les imprécations dont j'ai accablé, dans l'aveugle délire du désespoir, ta tête chérie. Une mère ne peut maudire l'enfant de son propre sein, qu'elle a enfanté avec douleur. Le ciel n'entend pas ces vœux coupables ; appesantis par les larmes, ils retombent de la voûte étoilée... Vis, mon fils, j'aime mieux voir le meurtrier d'un de mes enfants, que de pleurer sur tous les deux.

DON CÉSAR. Tu ne réfléchis pas bien, ma mère, à ce que tu désires pour toi-même et pour moi... Ma place ne peut plus être parmi les vivants... Oui, quand tu pourrais supporter, ma mère, l'aspect du meurtrier haï de Dieu, moi, je ne supporterais pas le reproche muet de ton éternelle douleur.

ISABELLA. Nul reproche, crois-moi, ne te blessera ; nulle plainte exprimée ni muette ne percera ton cœur. Ma douleur se fondra en paisible tristesse. Par un deuil commun, nous déplorerons le malheur et nous voilerons le crime.

DON CÉSAR (lui prend la main et dit d'une voix douce). Tu le feras, ma mère. Il en sera ainsi. Ta douleur se fondra en paisible tristesse... Quand un même monument enfermera ensemble le meurtrier et la victime, qu'une même voûte s'arrondira sur leur double dépouille, alors la malédiction sera désarmée... alors tu ne distingueras plus tes deux fils ; les larmes que verseront tes beaux yeux couleront pour l'un comme pour l'autre. La mort est une puissante médiatrice. Là s'éteignent toutes les flammes de la colère, la haine épaisse, et la pitié charmante, semblable à une sœur en larmes, se penche sur l'urne, qu'elle embrasse en s'y

Drum, Mutter, wehre du mir nicht, daß ich
Hinuntersteige und den Fluch versöhne.

Isabella.

Reich ist die Christenheit an Gnadenbildern,
Zu denen wallend ein gequältes Herz
Kann Ruhe finden. Manche schwere Bürde
Ward abgeworfen in Lorettes Haus,
Und segensvolle Himmelskraft umweht
Das heil'ge Grab, das alle Welt entsündigt.
Vielkräftig auch ist das Gebet der Frommen,
Sie haben reichen Vorrath an Verdienst,
Und auf der Stelle, wo ein Mord geschah,
Kann sich ein Tempel reinigend erheben.

Don Cesar.

Wohl läßt der Pfeil sich aus dem Herzen ziehn,
Doch nie wird das Verletzte mehr gesunden.
Lebe, wer's kann, ein Leben der Zerknirschung,
Mit strengen Bußkasteiungen allmählich
Abschöpfend eine ew'ge Schuld — ich kann
Nicht leben, Mutter, mit gebrochnem Herzen.
Aufblicken muß ich freudig zu den Frohen
Und in den Aether greifen über mir
Mit freiem Geist — Der Neid vergiftete mein Leben,
Da wir noch deine Liebe gleich getheilt.
Denkst du daß ich den Vorzug werde tragen,
Den ihm dein Schmerz gegeben über mich?
Der Tod hat eine reinigende Kraft,
In seinem unvergänglichen Palaste
Zu echter Tugend reinem Diamant
Das Sterbliche zu läutern und die Flecken
Der mangelhaften Menschheit zu verzehren.
Weit, wie die Sterne abstehn von der Erde,
Wird er erhaben stehen über mir,
Und hat der alte Neid uns in dem Leben
Getrennt, da wir noch gleiche Brüder waren,
So wird er rastlos mir das Herz zernagen,
Nun er das Ewige mir abgewann
Und, jenseits alles Wettstreits, wie ein Gott
In der Erinnerung der Menschen wandelt.

appuyant doucement. Ne m'empêche donc pas de descendre dans la tombe, ma mère, et de désarmer la malédiction.

ISABELLA. La chrétienté est riche en images miraculeuses, au pied desquelles, dans un pieux pèlerinage, un cœur torturé peut trouver le repos. Plus d'un lourd fardeau a été déposé dans la maison de Lorette, et une céleste force, pleine de bénédiction, plane autour du Saint-Sépulcre, qui a délivré le monde entier du péché. La prière des âmes pieuses est aussi très puissante ; elles ont une riche provision de mérites, et à la place où un meurtre fut commis, peut s'élever un temple expiatoire.

DON CÉSAR. Sans doute, on peut retirer du cœur la flèche, mais jamais la blessure ne saurait plus guérir. Vive qui voudra une vie de contrition, pour expier peu à peu, par les sévères mortifications de la pénitence, une faute éternelle... Moi, je ne puis vivre, ma mère, le cœur brisé. Il faut que je lève les yeux joyeusement vers les heureux, et que, libre de cœur et d'esprit, je puise à mon gré dans le pur éther au-dessus de ma tête... L'envie a empoisonné ma vie, quand nous partagions encore également ton amour. Penses-tu que je supporterai la préférence que ta douleur lui a donnée sur moi ? La mort a une vertu purifiante, pour transformer, dans son palais impérissable, toute chose mortelle en diamant sans tache, en bien véritable, et consumer les souillures de l'imparfaite humanité. Autant les étoiles sont loin de la terre, autant il sera élevé au-dessus de moi ; et si une vieille jalousie nous a divisés dans cette vie, quand nous étions encore deux frères égaux, elle rongera mon cœur sans relâche, maintenant qu'il a sur moi l'avantage de la vie éternelle, et que, transporté par delà toute rivalité, il va vivre, pareil à un dieu dans la mémoire des hommes.

Isabella.

O, hab' ich euch nur darum nach Messina
Gerufen, um euch beide zu begraben?
Euch zu versöhnen, rief ich euch hieher,
Und ein verderblich Schicksal kehret all
Mein Hoffen in sein Gegentheil mir um!

Don Cesar.

Schilt nicht den Ausgang, Mutter! Es erfüllt
Sich alles, was versprochen ward. Wir zogen ein
Mit Friedenshoffnungen in diese Thore,
Und friedlich werden wir zusammen ruhn,
Versöhnt auf ewig, in dem Haus des Todes.

Isabella.

Lebe, mein Sohn! Laß deine Mutter nicht
Freundlos im Lande der Fremdlinge zurück,
Rohherziger Verhöhnung preisgegeben,
Weil sie der Söhne Kraft nicht mehr beschützt.

Don Cesar.

Wenn alle Welt dich herzlos kalt verhöhnt,
So flüchte du dich hin zu unserm Grabe
Und rufe deiner Söhne Gottheit an;
Denn Götter sind wir dann, wir hören dich,
Und wie des Himmels Zwillinge, dem Schiffer
Ein leuchtend Sternbild, wollen wir mit Trost
Dir nahe sein und deine Seele stärken.

Isabella.

Lebe, mein Sohn! Für deine Mutter lebe!
Ich kann's nicht tragen, alles zu verlieren!

(Sie schlingt ihre Arme mit leidenschaftlicher Heftigkeit um ihn; er macht
sich sanft von ihr los und reicht ihr die Hand mit abgewandtem Gesicht.

Don Cesar.

Leb wohl!

Isabella.

Ach, wohl erfahr' ich's schmerzlich fühlend nun,
Daß nichts die Mutter über dich vermag!
Gibt's keine andre Stimme, welche dir
Zum Herzen mächt'ger als die meine bringt?

(Sie geht nach dem Eingang der Scene.)

ISABELLA. Oh! ne vous ai-je appelés à Messine que pour vous ensevelir tous deux? C'est pour vous réconcilier que je vous ai mandés ici, et un destin funeste tourne en désespoir toutes mes espérances.

DON CÉSAR. Ne t'emporte pas contre le dénouement, ma mère. Tout ce qui fut promis s'accomplit. Nous sommes entrés par ces portes avec les espérances de paix, et nous reposerons paisiblement ensemble, réconciliés à jamais, dans la demeure de la mort.

ISABELLA. Vis, mon fils! Ne laisse pas ta mère seule et sans amis dans le pays des étrangers, en proie à la raillerie sans pitié, parce qu'elle n'est plus protégée par la force de ses fils.

DON CÉSAR. Si le monde entier te raille avec une cruelle froideur, réfugie-toi auprès de notre tombe, et invoque la divinité de tes fils; car alors nous serons des dieux, nous t'entendrons, et, comme les célestes gémeaux, astres propices au nautonier, nous serons près de toi pour te consoler et fortifier ton âme.

ISABELLA. Vis, mon fils! vis pour ta mère! Je ne puis supporter de tout perdre! (Elle l'enlace dans ses bras avec une ardeur passionnée. Il se dégage doucement d'elle, et lui tend la main en détournant le visage.)

DON CÉSAR. Adieu!

ISABELLA. Oui, maintenant, hélas! j'éprouve et sens avec douleur que ta mère ne peut rien sur toi! N'est-il aucune autre voix qui pénètre dans ton cœur plus puissamment que la mienne? (Elle

Komm, meine Tochter! Wenn der todte Bruder
Ihn so gewaltig nachzieht in die Gruft,
So mag vielleicht die Schwester, die geliebte,
Mit schöner Lebenshoffnung Zauberschein
Zurück ihn locken in das Licht der Sonne.

Beatrice erscheint am Eingang der Scene. Donna Isabell
Don Cesar und der Chor.

Don Cesar
(bei ihrem Anblick heftig bewegt sich verhüllend).

O Mutter! Mutter! Was ersannest du?

Isabella (führt sie vorwärts).

Die Mutter hat umsonst zu ihm gefleht,
Beschwöre du, ersleh' ihn, daß er lebe!

Don Cesar.

Arglist'ge Mutter! Also prüfst du mich!
In neuen Kampf willst du zurück mich stürzen?
Das Licht der Sonne mir noch theuer machen
Auf meinem Wege zu der ew'gen Nacht?
— Da steht der holde Lebensengel mächtig
Vor mir, und tausend Blumen schüttet er
Und tausend goldne Früchte lebenduftend
Aus reichem Füllhorn strömend vor mir aus,
Das Herz geht auf im warmen Strahl der Sonne,
Und neu erwacht in der erstorbnen Brust
Die Hoffnung wieder und die Lebenslust.

Isabella.

Fleh' ihn, dich oder Niemand wird er hören,
Daß er den Stab nicht raube dir und mir.

Beatrice.

Ein Opfer fordert der geliebte Todte;
Es soll ihm werden, Mutter — Aber mich
Laß dieses Opfer sein! Dem Tode war ich
Geweiht, eh' ich das Leben sah. Mich fordert
Der Fluch, der dieses Haus verfolgt, und Raub
Am Himmel ist das Leben, das ich lebe.
Ich bin's, die ihn gemordet, eures Streits
Entschlafne Furien geweckt — Mir
Gebührt es, seine Manen zu versöhnen!

va vers l'entrée de la scène.) Viens, ma fille ! Si son frère mort l'entraîne si violemment dans la tombe, peut-être sa sœur, sa sœur bien-aimée, le rappellera-t-elle, par le doux prestige des espérances de la vie, à la clarté du soleil.

BÉATRICE (paraît à l'entrée de la scène) ; DONNA ISABELLA, DON CÉSAR et LE CHŒUR.

DON CÉSAR (vivement ému à l'aspect de Béatrice, se voile le visage). O ma mère ! ma mère ! Qu'as-tu imaginé ?

ISABELLA (menant sa fille en avant). Sa mère l'a supplié en vain. Implore-le ; conjure-le de vivre !

DON CÉSAR. Mère astucieuse ! C'est ainsi que tu m'éprouves ! Tu veux m'engager dans un nouveau combat, me rendre chère encore la lumière du soleil, sur le chemin qui mène à l'éternelle nuit ?... Le voilà devant moi, dans toute sa puissance, l'ange aimable de la vie, et il répand à profusion, de la plus riche corne d'abondance, mille fleurs, mille fruits dorés, qui exhalent les parfums de la vie. Mon cœur s'épanouit aux chauds rayons du soleil, et dans mon sein déjà mort se réveille l'espérance et l'amour de vivre.

ISABELLA. Conjure-le... il t'écoutera, toi, ou personne... de ne pas m'enlever, non plus qu'à toi, notre appui.

BÉATRICE. Le mort chéri demande une victime ; il doit l'avoir, ma mère !... mais permets que cette victime, ce soit moi ! J'étais vouée à la mort, avant de voir la vie. C'est moi que réclame la malédiction qui poursuit cette maison, et la vie qui m'anime est un larcin fait au ciel. C'est moi qui l'ai tué, moi qui ai réveillé les furies assoupies de votre discorde... C'est à moi qu'il appartient d'apaiser ses mânes.

Chor. (Cajetan.)
O jammervolle Mutter! Hin zum Tod
Drängen sich eifernd alle deine Kinder
Und lassen dich allein, verlassen stehn
Im freudlos öden, liebeleeren Leben.

Beatrice.
Du, Bruder, rette dein geliebtes Haupt!
Für deine Mutter lebe! Sie bedarf
Des Sohns; erst heute fand sie eine Tochter,
Und leicht entbehrt sie, was sie nie besaß.

Don Cesar (mit tiefverwundeter Seele).
Wir mögen leben, Mutter, oder sterben,
Wenn sie nur dem Geliebten sich vereinigt.

Beatrice.
Beneidest du des Bruders todten Staub?

Don Cesar.
Er lebt in deinem Schmerz ein selig Leben,
Ich werde ewig todt sein bei den Todten.

Beatrice.
O Bruder!

Don Cesar
(mit dem Ausdruck der heftigsten Leidenschaft).
Schwester, weinest du um mich?

Beatrice.
Lebe für unsre Mutter!

Don Cesar (läßt ihre Hand los, zurücktretend).
Für die Mutter?

Beatrice (neigt sich an seine Brust).
Lebe für sie und tröste deine Schwester.

Chor. (Bohemund.)
Sie hat gesiegt! Dem rührenden Flehen
Der Schwester kann' er nicht widerstehen.
Trostlose Mutter! Gib Raum der Hoffnung,
Er erwählt das Leben, dir bleibt dein Sohn!

(In diesem Augenblick läßt sich ein Chorgesang hören, die Flügelthüre
wird geöffnet, man sieht in der Kirche den Katafalk aufgerichtet und
den Sarg von Candelabern umgeben.)

LE CHŒUR. (GAÉTAN.) O mère infortunée! Tous tes enfants courent à l'envi à la mort, et ils t'abandonnent là seule, délaissée, dans la vie solitaire, sans joie et sans amour.

BÉATRICE. Toi, mon frère, sauve ta tête chérie! vis pour ta mère! Elle a besoin de son fils; ce n'est que d'aujourd'hui qu'elle a trouvé une fille, et elle se passera facilement de ce qu'elle n'a jamais possédé.

DON CÉSAR (l'âme profondément blessée). Que nous vivions ou mourions, ma mère, peu lui importe, pourvu qu'elle soit réunie à celui qu'elle aime.

BÉATRICE. Envies-tu la cendre inanimée de ton frère?

DON CÉSAR. Il vit dans ta douleur une vie bien heureuse; moi je serai mort à tout jamais parmi les morts.

BÉATRICE. O mon frère!

DON CÉSAR (avec l'accent de la plus vive passion). Ma sœur, est-ce sur moi que tu pleures?

BÉATRICE. Vis pour notre mère!

DON CÉSAR (laisse sa main et recule). Pour ma mère?

BÉATRICE (se penche sur sa poitrine). Vis pour elle, et console ta sœur.

LE CHŒUR. (BOHÉMOND.) Elle a vaincu! Il n'a pu résister à la touchante supplication de sa sœur. Mère inconsolable! donne place à l'espérance, il choisit de vivre : ton fils te reste! (A ce moment, un chant d'église se fait entendre. La double porte du fond s'ouvre, on voit dans l'église le catafalque dressé, et le cercueil entouré de candélabres.)

Don Cesar (gegen den Sarg gewendet).

Nein, Bruder! Nicht dein Opfer will ich dir
Entziehen — deine Stimme aus dem Sarg
Ruft mächt'ger bringend als der Mutter Thränen
Und mächt'ger als der Liebe Flehn — Ich halte
In meinen Armen, was das ird'sche Leben
Zu einem Loos der Götter machen kann —
Doch ich, der Mörder, sollte glücklich sein,
Und deine heil'ge Unschuld ungerächet
Im tiefen Grabe liegen? — Das verhüte
Der allgerechte Lenker unsrer Tage,
Daß solche Theilung sei in seiner Welt —
— Die Thränen sah ich, die auch mir geflossen,
Befriedigt ist mein Herz, ich folge dir.

(Er durchsticht sich mit einem Dolch und gleitet sterbend an seiner Schwester
nieder, die sich der Mutter in die Arme wirft).

Chor. (Cajetan.)
(Nach einem tiefen Schweigen).

Erschüttert steh' ich, weiß nicht, ob ich ihn
Bejammern oder preisen soll sein Loos.
Dies Eine fühl' ich und erkenn' es klar:
Das Leben ist der Güter höchstes n i c h t,
Der Uebel größtes aber ist die S c h u l d.

DON CÉSAR (tourné vers le cercueil). Non, mon frère! je ne veux point te dérober ta victime... Ta voix, du fond de ce cercueil, crie et me presse avec plus de force que les larmes de ma mère, avec plus de force que les prières de l'amour... Je tiens dans mes bras ce qui pourrait rendre la vie terrestre pareille au sort des dieux... Mais que je vive heureux, moi, le meurtrier, tandis que ta sainte innocence reposerait, non vengée, au fond du tombeau?... Nous préserve le dieu de toute justice, l'arbitre de nos jours, qu'il y ait un tel partage dans ce monde, sa création!... J'ai vu les larmes qui, pour moi aussi, ont coulé ; mon cœur est satisfait, je te suis. (Il se perce d'un poignard et, mourant, glisse à terre, en frôlant sa sœur, qui se jette dans les bras de sa mère.)

LE CHŒUR (GAÉTAN) (après un profond silence). Je demeure consterné, je ne sais si je dois déplorer ou louer son sort. La seule chose que je sente et reconnaisse clairement, c'est que la vie n'est pas le plus grand des biens, mais que la faute est le plus grand des maux.

FIN.

MOTTEROZ, Adm.-Direct. des Imprimeries réunies, A, rue Mignon, 2, Paris

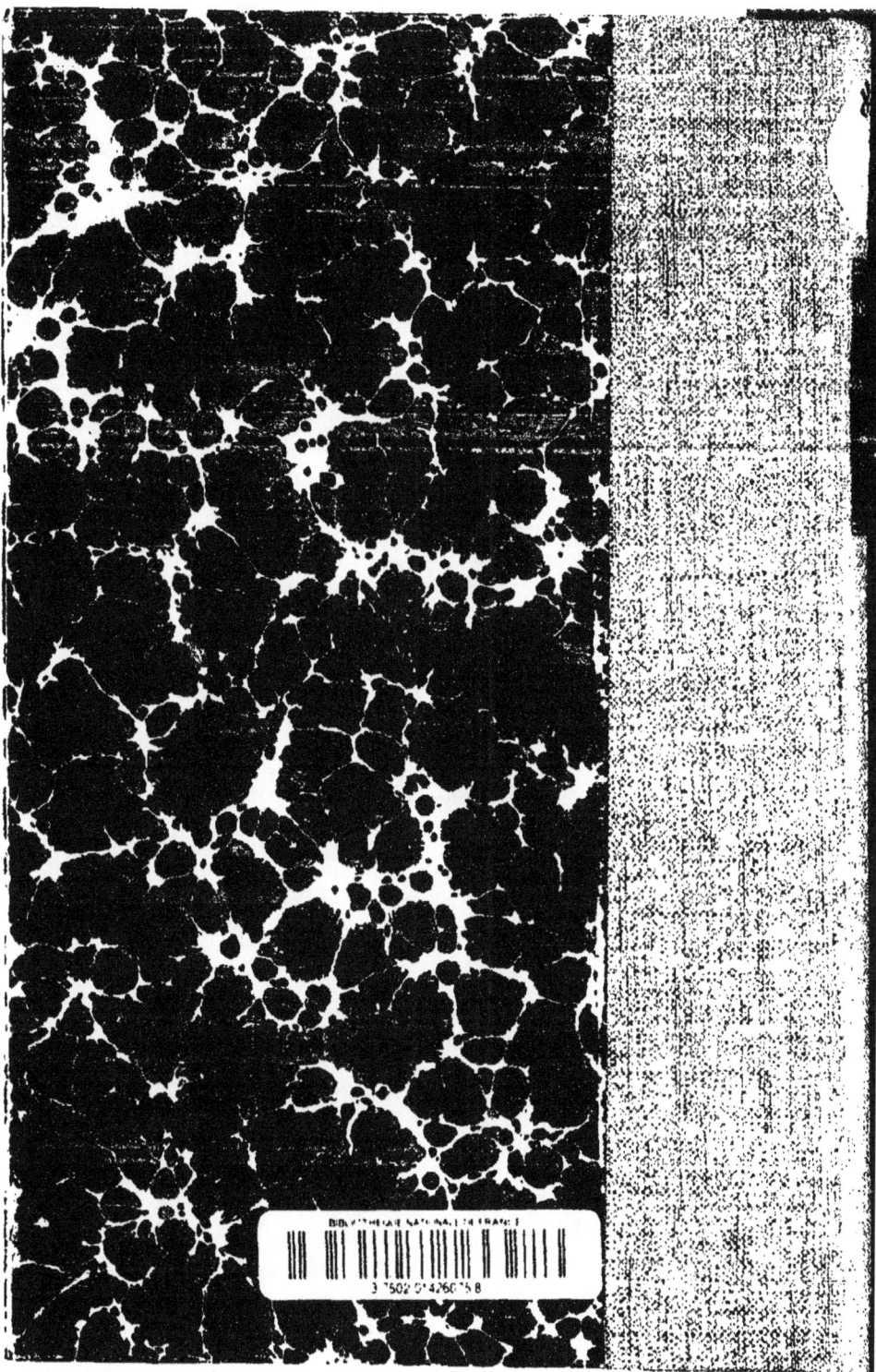